写给万千父母的育儿秘籍

好父母教好孩子的 200 个细节：
法国育儿专家宝典

［法］艾维吉·安提耶（Edwige Antier）/ 著

马慧园 / 译

WUHAN UNIVERSITY PRESS
武汉大学出版社

图书在版编目（ＣＩＰ）数据

好父母教好孩子的 200 个细节 : 法国育儿专家宝典 / (法) 艾维吉 · 安提耶
著 ; 马慧园译 . —武汉 : 武汉大学出版社 , 2019.3
ISBN 978-7-307-19446-5

Ⅰ . ①好… Ⅱ . ①艾… ②马… Ⅲ . ①家庭教育 Ⅳ . ① G78

中国版本图书馆 CIP 数据核字 (2017) 第 152234 号

责任编辑：黄朝昉　孟令玲　　　　责任校对：陈　晨　　　　版式设计：赵敏彤

出版发行：武汉大学出版社 （430072　武昌　珞珈山）
　　　　　　（电子邮件：cbs22@whu.edu.cn　网址：www.wdp.com.cn）
印刷：三河市祥达印刷包装有限公司
开本：889 × 1194 1/24　　　　　　印张：10.5　　　　　　字数：220 千字
版次：2019 年 3 月第 1 版　　　2019 年 3 月第 1 次印刷
ISBN 978-7-307-19446-5　　　　定价：36.00 元

译者序

　　面对一个呱呱坠地的小宝贝，新手妈妈们都会感到手足无措，想找到一个育儿的标准答案。另一方面，各种育儿流派如雨后春笋般冒出来，众说纷纭，家长们面对海量信息莫衷一是。希望这本介绍法式育儿方法的书能够帮到新手父母。

　　本书作者艾维吉·安提耶是一位著名的法国儿科医生。她在诊室里接待过两代法国孩子，写过很多关于科学育儿的著作。她还有丰富的海外工作经验，对世界各地的育儿生态都有了解。本书以法国父母教育子女的方式为主线，以解读关键词的形式，介绍法国人育儿的方方面面。另外，在同一个关键词中，作者横向对比了世界各地的见闻，最后结合实际情况和经验给出了自己的意见，供父母们参考。通过阅读这本书，读者不仅能了解世界各地的育儿观，还能得到法国资深儿科医生给出的中肯建议。

　　从哺乳、婴儿睡眠，到胃食道反流、抗生素的使用，再到妈妈们如何兼顾事业和家庭，作者细数了育儿过程中会遇到的种种问题。语言轻松诙谐，没有长篇大论，都是一个个小词条，这对每天精疲力竭的妈妈们来说是一本"轻松"的育儿书。当宝宝睡着了，忙碌了一天的妈妈们终于能休息一下了，坐下来翻看几页，学习一下法国女人是如何工作带娃两不误的，书的内容既幽默又实用。此外，书中提到的一些心理学知识也会令家长们受益匪浅。

　　法国人确实绅士优雅，法国的孩子也大多十分有教养，在婴儿时期就能够规律睡眠、规律进食，长大一些，孩子总是把"您好""谢谢"挂在嘴边，吃饭的时候很注意餐桌礼仪，等等。在法国生活的美国记者帕梅拉·德鲁克曼就专门写过一本书《法国妈妈育儿经》来颂扬法式教育。本书作者艾维吉·安提耶虽然认为帕梅拉在有些地方说得夸大其词，但她还是认为法式育儿方法有很多优点，而我认为这其中有很多是值得我们中国父母借鉴的。

　　作为一个新手妈妈，翻译的过程也是学习的过程。翻译完这本书的时候，我的女儿姜好佳已经 1 岁了，她在睡梦中陪伴我完成了这本书的大部分翻译工作。这本书见证了宝宝的成长，也帮助我成为一个更好的妈妈，感谢家人在翻译过程中给予我的支持。

我希望将作者的一些建议分享给更多的妈妈，虽然育儿没有标准答案，但一定有最适合孩子的，希望各位妈妈能找到最适合孩子、也最适合自己的育儿方法。

马慧园

2017 年 12 月　北京

目　录

1

第 2 章　**日常养护的正确打开方式 / 15**

第**3**章　父母有多用心，孩子的身体就有多健康/31

第 4 章　孩子生病了，怎么办 / 49

第 5 章　孩子，就该这么管教 / 63

第 6 章　父母这样做，孩子的交际能力会更强 / 75

不要把胳膊肘支在桌子上

第 7 章　给孩子一个好性格 / 89

抚触胎教

抚触按摩

自立

听话

任性

嫉妒

自卑

愤怒

讲道理的年纪

第 *8* 章　教孩子养成好习惯 / 103

第 *10* 章　孩子的心，你读懂了吗 / 133

心理学

儿童精神病科医生

弗朗索瓦兹·多尔多

天才

头发

羞耻心

言语矫正

说谎

不行

睡觉

第 *13* 章 　原生家庭对孩子的影响有多大 / 181

引言

即使是蹒跚学步的孩子，走起路来还摇摇摆摆得像只小企鹅，在走进我的诊室时，每个家长都会轻声提醒他们："跟医生问好了吗？"

告别的时候，爸爸妈妈会提醒孩子："跟医生说再见了吗？我好像没有听到哦……"

我在诊室里接待过两代孩子，他们天生就像小王子或小公主一样有教养。我这么说，并没有偏袒之意。在"法式"育儿的熏陶下，法国人确实从小就这么迷人。

法国小孩的口头禅是：

"夫人，您好！"

"先生，再见！"

"爸爸，请！"

"妈妈，谢谢！"

……

这令我们大洋彼岸的邻居们艳羡不已。这究竟是怎么做到的？父母们是怎么做到让自己的孩子乖乖听话，并且真的可以"等一会儿"的？为什么大部分法国孩子是真正的乖宝宝，而不是小霸王？法国人是欧洲人中生育率最高的，这难道是因为我们觉得生活如此美好吗？像美国的爸爸妈妈们一样，其他国家的人也会观察我们，想知道我们的秘密是什么。

"法式"育儿的秘密何在？这要追溯到我们悠久的历史了，从严谨的笛卡儿主义到启蒙运动，我们崇尚科学和园艺的一丝不苟，更重视对孩子的教育。像卢梭这样的大哲学家对自然主义的追求也是原因之一。从 19 世纪开始，朱尔·费里在法国推行义务教育，教育的重要性从此不可撼动。最近几十年，儿童教育家、精神分析大师弗朗索瓦兹·多尔多在法国电台开设的儿童教育节目几乎成了父母育儿的"圣经"。此外，"宝宝是一个独立的个体"[1]这句话家喻户晓，所有人都想要孩子——令人兴奋不已的小生命。

法国家长可以将孩子的身心成长和礼仪规范巧妙融合，这一点备受推崇。在法国文化

---

[1] 唐纳德·温尼科特，在《孩子与外部世界》中写道："孩子也是一个独立的个体"，《关系的发展》，帕约出版社（Payot），1972 年。

中，有教养和取得成就一样重要。法国人认为，自己传授给孩子的习惯和原则可以帮助孩子日后更好地在社会上立足。在全球化的大背景下，法国父母们仍然坚持着自己的教育原则。作为一个多元化的国家，法国有着不同的文化，法国的教育也是兼容并蓄的。

同时，为了更好地解放母亲们，并且使孩子更好地融入社会，法国的政策也在不断调整。法国不仅在生育率方面走在西方世界前列，而且法国母亲也能很好地兼顾育儿和工作。受到女权主义潮流的影响，特别是女权主义者西蒙娜·德·波伏娃的影响，法国女性开始工作得早，工作的人数多，而且和男人平等。国家也鼓励女性工作，鼓励她们经济独立。然而，她们也想要孩子。这就产生了所谓的"新女权主义"，其主要的诉求就是兼顾生育和事业。随之产生的结果则是：鼓励孩子自主独立。在法国，一个"好"孩子一定是很早就能独立的，能自己吃饭、自己穿衣、自己上学、讲卫生。有的孩子甚至2岁时就能生活自理了。

既不像中国妈妈一样管教，也不像美国妈妈一样纵容，"法式"育儿注重培养孩子的规则意识，无论在家，还是在学校抑或是在社会上。这既能让孩子很好地融入社会，又能发展自己的个性。这是怎么做到的呢？

今天，教育家和家长们仍然在争论。如果我们将"法式"育儿与其他文化中的方法相比较，如美式的、亚洲的、因纽特人的或是大洋洲的，为何会如此不同？一套好的育儿方法是如何给孩子们打开一片新的天地让他们更好地成长的？

在这本书中，我们将一起看看这些关键词，从"您好"到"请"，从"打屁股"到"棒棒糖"。只重复老一套是不够的。一位妈妈对我说："育儿先育己，每一代父母都需要不断学习，不断思考。完全照搬我们父辈的育儿经验，显然行不通。"

同时，本书将法式育儿与世界其他地区的育儿观点做对比。我也会基于我做儿童医生的经历和在心理学方面的知识给您建议，告诉您怎样兼收并蓄，使我们的孩子适应这个日新月异的世界。

第 *1* 章

科学喂养，宝宝健康

"喂不喂？怎么喂？喂多久？听我的！"

"你难道要一直喂奶，喂到他服兵役吗？"

"我要给孩子喝马奶！"

"我可以给他吃西兰花了吗？"

"我家孩子吃菜豆荚！"

"我的孩子定时吃饭，不挑食！"

"你不能空着肚子出门！"

"你下午四点想吃什么？"

"一份正宗的法式乡村面包！"

"宝宝会用勺子啦！"

"我的宝宝很喜欢！"

"他只爱吃罐头！"

"是吗？不用喝吗？"

"难道你忘了牙医的忠告了吗？"

"哇哦，又胖了8斤！"

母乳喂养

"喂不喂？怎么喂？喂多久？听我的！"

在法国，人们这样评价母乳喂养妈妈：

如果她能坚持三个礼拜，"这是一位好妈妈"；

如果她能坚持三个月，"这是一个英雄"；

如果她坚持了六个月，"那她就该去看心理医生了"。

法国是最早使用奶瓶的国家之一。我们邻国瑞士的雀巢公司则是最早生产婴儿奶粉的食品加工企业。事实上，自从"二战"以来，法国女性进入职场，并且表现出了她们的工作能力，从此她们就不再愿意放弃工作。在从少女到妈妈的蜕变中，法国女性变得更加独立了。母乳喂养被视为一种历史倒退，虽然社会上也一再提倡，但仅仅是说说而已……

如今，社会鼓励母乳喂养，但这得尊重妈妈自己的意愿，并且不会影响她的事业发展。宝宝几个月的时候，妈妈如果仍然把他抱在怀里喂奶，就会被人认为是过时的、过于亲密的，甚至有伤风化。

一个健康的法国新生儿出生后，妈妈每隔 2 小时就要给他喂一次奶，左右乳房大概各吃 10 分钟。至于哺乳期妈妈，她总会觉得自己奶水不足或者奶水不好，再或是乳头过于扁平没办法哺乳……在法国，女性的乳房首先是色情的象征。当坚持母乳喂养的妈妈希望有权利想喂多久就喂多久时，主张"文化主义"模式的哲学家伊丽莎白·巴丹德便会指责这是"自然主义"的独裁，并且宣称这是一场母乳妈妈与全社会之间的"战争"。[1]

从宝宝 3 个月开始，即使妈妈们还在休产假，3/4 的法国宝宝已经开始使用奶瓶了。[2]

---

[1] 伊丽莎白·巴丹德. 采访. www.elle.fr, 2012 年 2 月 2 日.

[2] 多米尼克·图尔克教授. 促进母乳喂养的行动建议报告. www.sante.gouv.fr, 2010 年 6 月.

❧ 在其他地方是这样的 ❧

《古兰经》说："一个称职的母亲，会坚持母乳喂养满 2 年。"[1]在传统观念里，哺乳后代是女性生活中最重要的一部分。在科特迪瓦，"女性在没有恢复月经之前是禁止性生活的，即便她们的丈夫有这方面要求，她们也必须专心喂奶。她们的姐姐会严密监督她们。"[2]同样，在秘鲁，99% 的新生儿都是母乳喂养（这也证明了只要获得良好的建议，每个母亲都有奶），60% 的宝宝 1 岁时还在吃母乳。[3]

近些年来，在最现代的西方社会中，母乳喂养又流行起来：北欧和美国的母亲们越来越崇尚哺乳。坚持长时间哺乳逐渐流行：在纽约，90% 的母亲会从宝宝一出生就喂奶，一半的婴儿 6 个月的时候还是母乳喂养。政府要求产科医院不能随便使用奶瓶。美国儿科学会表示："所有儿科医生和父母要知道，为了宝宝的健康成长，最好纯母乳喂养到宝宝 6 个月，至少坚持到 12 个月断奶。只要母亲和孩子愿意，母乳喂养时间还可以更长……没有证据显示母乳喂养到 3 岁或是更久会对孩子造成任何不适。"[4]

❧ 我的建议 ❧

母乳喂养和妈妈的工作并不冲突，而且这对妈妈大有裨益。那么，母乳喂到宝宝多大合适呢？这不应该从孩子一出生就决定，因为每个宝宝的需求不一样，有的宝宝"恋奶"情结比较严重。当宝宝自然离乳的时候，互相信任、稳定的亲子关系就此建立，也有助于培养孩子积极乐观的性格。至于哺乳的节奏和哺乳期长短，10 天还是 10 个月，这都应该由宝宝决定……

① 古兰经第 2 章，黄牛．第 233 节．
② 克罗蒂·阿格泽尔，多里斯·波涅，劳伦斯·布尔什（主编）．从儿童的照料到习俗．埃拉斯出版社（Érès），2007 年．
③ "宝宝和哺乳：说来话长！" www.babyfrance.com．
④ 儿科学杂志，第 115 卷，2005 年．

断奶

"你难道要一直喂奶，喂到他服兵役吗？"

这是法国人的口头禅。即使兵役制度早就取消了，还是有人开这样的玩笑。在法国，如果孩子 6 个月了，妈妈还在母乳，就会被认为亲子关系过于亲密。大部分法国妈妈在孩子 6 个月之前就断奶了，她们认为产假结束后，无法兼顾哺乳和工作。

⌘ 在其他地方是这样的 ⌘

在盖丘亚人的习俗中，也就是玻利维亚的印第安人，孩子在一岁半左右断奶。断奶之前，不论男孩女孩都叫"wawa"。①

在瓦利斯群岛，妈妈们在孩子 2 岁左右给他断奶。做出断奶的决定后，妈妈就把孩子交给祖父母，然后离开一段时间。这个时间段可长可短，有时甚至达到几年。当地的妈妈曾笑着对我说："这的确是我的儿子，但我的首要任务已经完成了！"

⌘ 我的建议 ⌘

不要把混合喂养、饮食多样化和断奶混为一谈。混合喂养是指由于妈妈开始工作，孩子有时吃母乳，有时用奶瓶喝奶粉；饮食多样化是指宝宝既吃母乳，又能用小勺吃饭；断奶是宝宝再也不吃母乳了。

孩子入托后，你仍然可以坚持早晚喂奶，这有助于缓解孩子的分离焦虑。孩子和大人都准备好的时候，就可以自然离乳了。

·

---

① 多里斯·波奈．洛朗斯·布尔歇（主编）．从儿童的照料到习俗．

环保主义

"我要给孩子喝马奶！"

有些法国家长是"波波族"，同时又崇尚生态环境保护主义，我们称其为"环保－波波主义"。他们喜欢给孩子吃一些纯天然、原生态的食物，比如羊奶、马奶和杏仁露。

儿科医生忧心忡忡，他们在媒体上公开警告这些父母："请谨慎给宝宝喝羊奶、山羊奶、驴奶、豆奶、杏仁奶等奶制品。这对宝宝的生长发育可能会产生危害。"①

∽ 我的建议 ∽

不要陷入伪自然主义的陷阱。对于不到 5 个月的宝宝，最好的食物是母乳。如果你和很多法国妈妈一样，不方便长期哺乳，那就给孩子最接近母乳的食物——婴儿奶粉。

实际上，婴儿食品行业是非常严谨的，他们有一套非常严格的营养标准。如果你真的为宝宝好，那就尽量延长母乳时间，并且根据医生的建议添加辅食。

饮食多样化

"我可以给他吃西兰花了吗？"

用各种水果和蔬菜给婴儿做辅食，是父母们非常期待的时刻。祖母们在宝宝 1 个月的时候就给他喝橙汁，3 个月的时候就给他喝蔬菜汤。心急的爸爸妈妈们，往往等不到 6 个月就想给孩子添加多种多样的辅食。虽然他们也知道按照营养健康计划，添加辅食要等到 6 个月以后，过早地添加可能会引起过敏。

当其他月龄相仿的孩子，面对小勺还不知道张嘴，一心只想吃妈妈的奶时，而自己的

---

① "关于使用对婴儿健康有损害奶的警告"，www.leparisien.fr，2011 年 6 月 22 日.

宝宝已经会舔食汤匙上的果汁了，爸爸妈妈们会感到很骄傲。法国家长珍视孩子成长的点点滴滴，宝宝一天比一天吃得多，是非常重要的成长标志！在看儿科医生的时候，法国家长会向医生提供一份详细的宝宝日常食谱。为了让家长们享受这种喜悦，幼儿园老师也鼓励家长给宝宝尝试各种新的食物。

∾ 在其他地方是这样的 ∾

在马达加斯加，"人们吃的食物香气更浓，味道更重，芒果更甜，蜂蜜更香，木瓜更绿"。[1]

∾ 我的建议 ∾

母乳或奶粉足以为宝宝提供成长所需的各种营养，包括蛋白质、油脂和糖等。我们鼓励宝宝尝试其他的食物，主要是为了调动他的味蕾，让他分辨什么是甜的，什么是苦的，但不要强迫宝宝吃。

果蔬

"我家孩子吃菜豆荚！"

"每天要吃五种果蔬"这句口号影响了很多父母。"二战"期间，大人们要求孩子必须将碗里的汤喝干净，这之后有一段时期对孩子的饮食要求没那么严格。如今，家长们又重新加严了对孩子饮食的管教，要求他们吃鲜嫩的菜豆荚。

∾ 我的建议 ∾

孩子成长所需的各种营养，包括碳水化合物、维生素和矿物质等，果蔬足以提供。我们鼓励孩子终其一生保持对食物味道的兴趣，但要避免单一化。

---

[1] 玛丽 - 罗斯·莫罗，《关爱这里和其他地方的孩子》.《跨文化故事》，奥迪勒·雅各布出版社，2007 年.

吃饭

"我的孩子定时吃饭，不挑食！"

这是法国教育中一个原则性的问题。从孩子出生，他吃饭的问题就是家长最操心的问题之一。当这个小家伙还不足 3 千克的时候，家长们就在发愁："他什么时候能睡一整夜觉，不喝夜奶？他吃奶的间隔应该是多少？"从宝宝出生几周开始，他吃奶的时间就固定下来了，父母们以此为傲。"有教养"的法国孩子也不挑食，从能吃四季豆开始，他对所有美食都来者不拒。

"告诉我你吃什么，我就能知道你来自什么样的家庭。"社区主义在法国有所发展，即使还是一个婴儿，他的喂养就能反映出他的阶层。

法国家长不鼓励孩子吃零食，他们认为日常用餐足够满足儿童的营养需求。

∞ 在其他地方是这样的 ∞

法国小孩能够轻松吃掉西兰花和四季豆这种有特殊气味的蔬菜，美国记者帕梅拉·德鲁克曼非常惊讶，她认为这是法式教育的灵魂所在。[①]这听起来多少有些夸张，但是相比美国，法国小孩真是太"有教养"了。

虽然，美国小孩母乳喂养的时间普遍比法国的长，但是宝宝们从辅食阶段就偏爱高糖高油脂的食物，这使他们的味蕾早早习惯了这种"重口味"食物；而且，美国小孩在家里动不动就去冰箱里翻零食吃。这使美国儿童的肥胖率逐年攀升。

在日本则相反，宝宝母乳喂养时间很长，食物以鱼类为主。

在中国，近年来儿童的餐饮结构出现了明显变化。以前，生活在农村的孩子日常以谷物和蔬菜为主，以肉类为辅。但随着城镇化的快速发展，原本健康的饮食结构越来越接近美式了……

---

① 帕梅拉·德鲁克曼. 法国宝宝. 弗拉马里翁出版社，2013 年.

∽ 我的建议 ∾

　　按照法国人的习惯，按时吃饭，不吃零食，饮食多样化，这是很理想的；但也不应该为此所束缚，要适应每个孩子具体的需求。如果孩子比较壮实，一般胃口都比较好，坚持不让他吃零食是有好处的；比较瘦弱的孩子，一般都挑食，他们适合少食多餐，要注意加餐。法式教育只是提供了一个大方向，在此基础上，家长需要根据孩子的具体情况加以调整。

早餐

"你不能空着肚子出门！"

　　法国人很重视早餐。一般，传统法式早餐是一碗热巧克力奶和两片黄油面包（面包是我们国家的主食）。为了补充维生素，有的人也会喝橙汁。超市里有各种各样的玉米片。但传统的家庭还是喜欢吃面包，一方面因为面包经济实惠，另一方面因为很多家长就是吃面包长大的。虽然法国妈妈们的生活节奏加快了，但她们还是坚持每天让孩子吃早餐，不空着肚子去上学。

∽ 在其他地方是这样的 ∾

　　每个国家饮食习惯不同，早餐也不同。早餐是美国人一天中最重要的一餐，全家只有在早餐时间才有空坐在一起吃饭。早餐的品种多样，从口味上有甜咸之分，还有乳制品和含维他命的饮料。

　　不同族裔（如爱尔兰、德国）有不同的文化，早餐有多种混搭方式。有人喜欢给孩子吃枫糖薄煎饼、酸奶、鸡蛋、水果麦片、巧克力和牛奶。德国人喜欢吃火腿。瑞典人喜欢吃鱼子酱。亚洲人早上很少吃甜点（难道这是他们长寿的秘诀？）。在日本，早餐吃米饭、豆腐汤、烤鱼和绿茶。

✂ 我的建议 ✂

早餐开启了一家人的快乐时光，要给早餐留出充足的时间，这需要你和孩子早睡早起。准备早餐时，要考虑到孩子的胃口，有些孩子刚起床的时候吃不下，但在上学的路上会大口喝牛奶、吃饼干。鼓励孩子坐在餐桌边吃早餐，这是家人交流的好机会。出门的时候，你可以给他带一些在路上吃的食物。如果孩子比较胖，早餐可以少吃一点……

点心

"你下午四点想吃什么？"

对于法国的家长，"下午四点"就是"下午茶时间"，这个表达方法指明了孩子应该几点吃下午茶。加上这一餐，法国孩子一天吃四餐，这个节奏很重要，延续至今。

✂ 在其他地方是这样的 ✂

美国孩子什么时候都可以吃，他们可以随时从冰箱里拿奶油冰淇淋吃，或特别甜的饮料喝。也因此，美国的肥胖症患者越来越多，成了法国家长的反面教材。

✂ 我的建议 ✂

一日四餐的传统非常好。在选择下午茶的时候，你可以参照健康手册中孩子的生长发育曲线，给他准备饼干、水果或奶制品。

法式吐司

"一份正宗的法式乡村面包！"

这种吃法由来已久，以前主要用来加工不太新鲜的面包，做法如下：将蛋液和牛奶混合，面包切片，浸满蛋奶液后，用平底锅煎，出锅后撒上糖屑。以前在法国乡村，这种吃法很流行。如今，很多家庭依然保留这一古老的食谱，很怀旧。既不浪费，又美味，这也是法式教育的一部分！

❧ 我的建议 ❧

在制作一份可口的法式吐司之前，你先想一下孩子是不是喜欢吃蔬菜、水果、奶制品、肉制品等，再根据孩子的生长发育情况适当加入，兼顾美味和营养的平衡。

勺子

"宝宝会用勺子啦！"

使用勺子意味着婴儿开始被教化。贵金属做的勺子是送给刚出生孩子的经典礼物。如果一个孩子出生在有钱人家，我们就称他为："含着金汤匙出生的"。一般从 6 个月开始，孩子就学着用勺子吃东西了。在孩子的成长过程中，这是非常有意义的一步。如果一个孩子更喜欢吃母乳或喝奶粉，而周围年龄相仿的孩子们都用勺子吃饭，那么孩子的妈妈就会有一种低人一头的挫败感，有些天生爱操心的亲戚会趁机一拥而上，吧啦吧啦地兜售他们的育儿经。

∽ 我的建议 ∽

鼓励宝宝坐在餐桌边和爸爸妈妈一起吃饭，这是亲子的好时光。你可以给宝宝一把好用的勺子，训练他学吃饭……

矿泉水

"我的宝宝很喜欢！"

尽管巴黎市政府不断努力，宣称巴黎的自来水是可以给宝宝直接饮用的，但法国的天然优质矿泉水比比皆是，法国妈妈还是愿意买瓶装矿泉水给婴儿喝，她们认为这对宝宝更好。

∽ 我的建议 ∽

"可饮用"的自来水通常来说是干净的，亚硝酸盐含量低，可以给婴儿饮用。有研究表明，大环境会影响雌激素分泌和身体生长，所以孕妇和小孩的饮用水标准要更为严格……

罐头食品

"他只爱吃罐头！"

在法国文化中，烹饪是一项非常重要的生活技能。对于法国妈妈来说，如果她的孩子不爱吃家里做的新鲜蔬菜泥，而是狼吞虎咽地吃罐头，她会非常生气。

虽然职场妈妈生活节奏很快，让她们没有太多什么时间在厨房挥霍。但她们以为孩子做饭为荣，通常一次性把一周的食物做出来，放在冰箱里冷冻起来。但孩子们一点也不喜欢"妈妈"的味道，他们拒绝吃妈妈做的饭。这让孩子与家里所有大人的关系都很紧张，无论是奶奶，还是保姆，大家都想尽一切办法让他吃进去……

不过，大人们也逐渐意识到强迫孩子吃饭不好。另一方面，孩子们挑剔的口味让法国家长们不知道如何是好，家长们干脆就给孩子吃现成的罐头了。

∾ **我的建议** ∾

专业的婴幼儿食品制造商生产的罐头食品，在营养和口感方面都能满足孩子的需要。如果你想让他和全家一起坐下来吃饭，可以给他准备一点沙拉或四季豆……当然，不要强迫孩子，否则容易让他们产生逆反情绪。

在法国，孩子们很小就过集体生活了。幼儿园、保姆家和学校食堂，都不提供罐头，孩子们很快就有机会适应各种食物了。

胡萝卜汤

"是吗？不用喝吗？"

现在，法国父母仍然喜欢用胡萝卜汤给孩子治疗腹泻。这使盎格鲁－撒克逊人感到非常好笑，就像我们吃青蛙腿这件事一样；而且，这也使外国的医生十分困惑。我经常听到有人十分惊异地感叹："胡萝卜汤！"

当孩子拉稀的时候，家长会把胡萝卜切成小片，用水煮很久，再搅拌……儿科医生不会开用胡萝卜汤治疗小儿腹泻的药方，但奶奶们还是会坚持做胡萝卜汤，并非常诧异医生竟然没有建议吃胡萝卜汤，好像是医生的错似的。

肠胃炎是世界上致死率最高的病症之一，也叫"轻度霍乱"或"内因性中毒"，因为它会引起幼儿新陈代谢中毒的症状。传统疗法会用一些煎剂，比如大米水或木瓜水。

∾ 我的建议 ∾

人们之所以会用胡萝卜汤治疗腹泻，是因为喝完胡萝卜汤，拉出的粪便会变稠，给人病情得到了缓解的感觉。但实际上，胡萝卜只会像海绵一样吸收水分，并不会让分泌物减少。病情转好，只是假象。腹泻会消耗大量水分和电解质，容易引起脱水。正确的方法是：喝补水的溶液。胡萝卜汤完全可以喝，但前提是要配合电解质溶液一起喝。

糖果

"难道你忘了牙医的忠告了吗？"

"我家老大在 5 岁之前没吃过糖，老二 3 岁时已经初尝糖果的味道，至于老三嘛，随他去吧……"家长们总是反对孩子们吃糖，但这个美好愿望只在老大的身上比较容易实现。老大绞尽脑汁斗争来的糖果，弟弟妹妹们却轻而易举就吃到了。没错，糖果就是一种"立场不鲜明"的资源。幸运的是，大部分父母还是有责任心的，他们坚持给 18 个月以下宝宝的牙齿涂氟，早晚用含氟牙膏给宝宝刷牙。在法国，幼儿龋齿已经大大减少了。

∾ 在其他地方是这样的 ∾

很久很久以前，在全球大面积种植甘蔗之前，非洲和大洋洲的孩子们无疑是"幸运的"，他们没有受到一丝糖果的诱惑和侵袭。有人说，富有传奇色彩的约瑟芬皇后之所以以"面瘫脸"示人，就是因为吃了太多甘蔗饱受蛀牙之苦，而不敢笑、不能笑、不会笑的缘故。但是，随着全球化的发展，昔日贵族才能享用的糖果早已遍布全球每一个角落。

∾ 我的建议 ∾

糖果是谁买的？又是谁把糖果随意地放在车上，让孩子唾手可得？——不是孩子，是大人自己！孩子哭了、闹了，大人们又总是喜欢用糖果哄孩子。你越晚让孩子接触糖果，孩子们就越不容易吃糖上瘾。另外，在吃糖这件事上，请务必坚持立场、一视同仁，对长子如此，对幼子也应该如此。

肥胖

"哇哦，又胖了 8 斤！"

肥胖现象在美国非常普遍。法国家长从小注意孩子的饮食，从而有效避免了儿童肥胖。尽管法国超重儿童数量有轻微上升，但"法国人的平均体重是欧洲最轻的，和意大利持平。希腊和英国的平均体重最重"[1]。法国的饮食习惯很好地抵御了蔓延全球的肥胖现象。

❧ 在其他地方是这样的 ❧

在美国和英国，肥胖儿童越来越多，而且呈现出低龄化的趋势。这些孩子，从他们能够到冰箱把手开始，就成天不停地吃。一天 24 小时，他们仿佛时刻在吃甜点。等到该吃饭的时候，他们却不饿了。所以，家长很难让他们乖乖吃蔬菜。

相反，在北欧国家，人们很重视早餐和晚餐。由于天黑得早，晚餐在 6 点就开饭了。熏鱼和菜籽油富含 ω-3 脂肪酸。他们摄入的油脂较少，喜欢吃富含抗氧化剂的水果。这么看来，瑞典儿童身材很好也就不足为奇了！

❧ 我的建议 ❧

健康手册上的体重曲线可以让家长和医生直观地看到孩子的体重变化。当孩子体重增长过快时，请家长调整他的饮食结构，做到少食多餐，这样就可以让孩子轻轻松松保持健康和美丽。

---

[1] 国家人口研究所．人口与社会，第 455 号，2009 年 4 月．

第 2 章

日常养护的正确打开方式

"我故意给他穿的！为了给您看！"

"看似美丽，却很危险！"

"吃奶嘴，可以戒掉非营养性吸吮。"

"虽然他只有 3 个月，但我觉得他开始长牙了。"

"为了干净，还是为了好看？"

"裹得太紧了，宝宝会不舒服的！"

"我今天才知道，纸尿裤大腿根那里，松紧带旁边的防漏隔边是要抽出来的。"

"包屁衣就像我奶奶的奶奶……曾经穿的开裆裤衩，不过它多了一个按扣！"

"会不会导致脊柱侧凸？"

"在哪儿能买到妇产医院里那样的摇篮？"

"学步鞋，一定要合脚才行。"

"一不小心，玩出童车病。"

"有了儿童推车，我再也不用担心宝宝的出行问题了。"

着装

"我故意给他穿的！为了给您看！"

　　着装体现着孩子的文化背景和社会阶层。迪奥和阿尼亚贝斯（Agnès B.）都推出了儿童服装和香氛系列。对于法国妈妈来说，孩子衣着精致是很重要的。即使她们没有足够的预算买大品牌的衣服，她们也会花心思打扮孩子。然而这些衣服通常都是紧身的，有小扣子，要套头穿，然后再穿两只小胳膊，包屁衣还需要在裤裆的位置系扣子，穿衣服的时候孩子必须要老老实实地躺下来，这对于两岁的孩子可不是容易的事情。这样的衣服给孩子带来很多的束缚，就像原来用襁褓一样。

　　我曾经跟一位母亲说，带孩子来看病的时候，如果能穿方便穿脱的衣服，孩子会舒服一些。她回答我说："我故意给他穿的！为了给您看！"父母们给孩子这样着装会使孩子自恋。从孩子很小的时候起，父母们就给他沐浴、擦乳液、穿有品位的衣服，然后对孩子说："你好漂亮啊！"孩子的着装也要讲究法式的好品位，太多小装饰或衣服上的亮片是庸俗的。

∾ 在其他地方是这样的 ∾

　　在所有的文化里，父母都喜欢打扮自己的孩子。有的地方用天然植物给皮肤涂上各种颜色；母亲和孩子的衣服上有同样的图案；同一个族群的父母和孩子其缠腰布和吊床上有同样的织物标志。

∾ 我的建议 ∾

　　打扮要适度，不能让孩子遭罪。

　　很多孩子不喜欢穿套头衣服，有时领口太紧，根本喘不过气；有时胳膊屈在衣服里，伸不进袖子里。

　　学步期的孩子不喜欢躺下来穿衣服，等不及你给他扣包屁衣的扣子。

不要给孩子穿这些束缚性太强的衣服，如果穿衣服变成一种愉悦的体验，就不会有那么多的家长跟我抱怨："给他穿衣服太费劲了！"

琥珀项链

"看似美丽，却很危险！"

据说，佩戴琥珀珍珠项链可以缓解小儿出牙疼痛。有的家长迷信这种说法，就在宝宝的脖子上戴一串琥珀珍珠项链。然而这是很危险的，幼儿园也反对这样做，这让很多家长无法理解。

❧ 在其他地方是这样的 ❧

很多家长认为出牙疼痛会让婴儿哭闹不止，就想出各种办法试图缓解疼痛。在马达加斯加东南部，"为了缓解出牙疼痛，母亲们会将一种叫 vashimantsy 的叶子捣碎，与面团和在一起，做成宝宝牙胶"。[1]

❧ 我的建议 ❧

琥珀项链之所以被禁止在幼儿园里佩戴，是因为太危险了。在家的时候，最好也不要给孩子戴。儿科医生们认为，这种项链应该被禁止。

---

[1] 雷蒙德·迪卡尔，"马达加斯加口腔和牙齿习俗。"《非洲学家杂志》，第 23 卷，第 23 号，1953 年.

奶嘴

"吃奶嘴，可以戒掉非营养性吸吮。"

法国的小婴儿和幼童几乎都叼着一个奶嘴。从出生开始，为了满足宝宝"非营养性吸吮"的需求，人们会建议家长们给宝宝吃奶嘴。另一方面，家长不想让孩子吃手，吃奶嘴可以防止因吃手而引起的口腔变形。从 3 岁上幼儿园开始，很多宝宝外出时就不怎么吃奶嘴了。但很多孩子直到 6 岁甚至 8 岁，还要吃着奶嘴睡觉，那就需要用牙齿矫正器来帮助他们彻底戒掉了。

∾ 在其他地方是这样的 ∾

非洲的宝宝从小就按需喂养，他们并不需要安抚奶嘴，但在法国生活的非洲裔爸爸妈妈也会选择使用安抚奶嘴。世界卫生组织认为安抚奶嘴不利于母乳喂养。但在法国，很多家长用这种方式来"满足"宝宝的需求。芬兰科学家研究显示，使用安抚奶嘴可能会引起耳炎。医生建议从宝宝 6 个月开始，尽量少使用奶嘴，从 10 个月开始，不再使用奶嘴。[1]

∾ 我的建议 ∾

如果你能够按需喂养宝宝，无论是母乳喂养还是用奶瓶喂，你都不需要给他吃奶嘴。我反对所谓的非营养性吸吮，大自然明明给了我们有乳汁的乳房呀！之所以给宝宝吃奶嘴，是由于我们要求宝宝按时吃奶。根据我的经验，越来越多的宝宝出现胃食管反流，也与使用奶嘴有关。我建议家长们不要急着让宝宝按时吃奶或睡整宿觉，喂养方式可以灵活一些，这样你就不需要用奶嘴了。如果宝宝对奶嘴产生依赖，到时候你还要想办法帮他戒掉奶嘴。但如果一个五六个月的宝宝已经习惯吃奶嘴了，也不要突然不让他吃，要逐渐减少使用频率。要记住：最开始并不是孩子要求吃奶嘴的，所以，如果他吃上瘾了也不是他的错！

---

[1] 儿科学杂志，（第 106 卷），第 3 号，2000 年 9 月．

苏菲小鹿牙胶

"虽然他只有 3 个月，但我觉得他开始长牙了。"

如果孩子因为长牙而出现哭闹、流口水、发烧等症状，家长们不要担心。法国妈妈有很多缓解宝宝出牙不适的偏方，比如局部镇痛、服用扑热息痛，琥珀项链也很受欢迎。

∽ 在其他地方是这样的 ∽

在马达加斯加有个古老的仪式：人们将婴儿的摇篮挂在一条沟上，然后往沟里扔一些谷粒，人们认为这样做有利于婴儿出牙。[1]

近年来，有些婴儿因为口腔炎（牙龈急性炎症）而住院，因为他们的保姆相信往牙龈上抹一些糖可以促进长牙。殊不知，这种愚昧的做法很容易导致口腔炎症，让孩子一连几天都不能吃东西。

∽ 我的建议 ∽

要相信自然的力量，宝宝们磨呀磨，就把牙齿"磨"出来了，并不需要其他辅助工具。琥珀项链也应该被禁止，因为有勒到宝宝的危险。你可以给宝宝一个牙胶，最好是苏菲小鹿。此外，宝宝哭闹和发烧也可能是其他原因导致的，需要家长仔细观察……

---

[1] 雷蒙德·迪卡尔．非洲学家杂志．

围嘴

"为了干净，还是为了好看？"

法国的父母还是很在乎这块小布的。有一次，我看见一个妈妈拿着奶瓶准备喂奶，宝宝迫不及待地张着粉扑扑的小嘴等着吃，但爸爸还没有找到围嘴，妈妈就不会给宝宝喂奶。如果换作是我，看到宝宝如此急切，即使奶有可能会洒到衣服上，我也会尽快地给宝宝喂奶。然而，为了不弄脏衣服，法国妈妈仍然坚持使用围嘴，她们认为这是一个完美母亲的象征。

∽ 在其他地方是这样的 ∽

在很多国家，围嘴都是新生儿必不可少的衣物之一。在洗衣机出现之前，年轻的妈妈需要手洗宝宝的衣物，而围嘴可以避免弄脏衣服。同时，围嘴也是非常漂亮的装饰，戴围嘴的宝宝更可爱。连拉尔夫·劳伦这样的大牌都有围嘴！在日本，戴围嘴有保佑孩子的作用，日本的地藏菩萨就戴着红色的围嘴。

∽ 我的建议 ∽

从前，住在城堡里的小王子戴的围嘴都有一圈精致的花边。虽然今天的围嘴没有花边了，但上面有很漂亮的充满童趣的图案，的确是一个非常好看的装饰……但当宝宝真的特别饿的时候，就不用一定要戴围嘴了吧：毕竟现在用洗衣机洗衣服也很方便！

襁褓

"裹得太紧了，宝宝会不舒服的！"

如今这个词已经过时了，但仍然在小范围内影响着一些家庭。传统的襁褓限制婴儿的活动，幸好它已经"过时"了。新手妈妈们不用再学习怎么叠纯棉的尿布，不用再担心侧漏，也不用研究如何把宝宝塞进毛茸茸的襁褓。她们现在迫不及待地想知道如何使用纸尿裤，医院的护士要教新手妈妈们如何判断纸尿裤的正反面，如何根据孩子的胖瘦折魔术贴，等等。需要格外注意的是，给男宝宝穿纸尿裤时，小鸡鸡要朝下放，避免他小便的时候浇自己一身，那会很有趣。

∽ 在其他地方是这样的 ∾

以前，在法国外省，特别是在布列塔尼，人们在给婴儿包襁褓时，会把他们的双腿伸直，紧紧裹住。这样，宝宝就不会乱动，但很可能导致髋关节脱臼。1762 年，法国哲学家卢梭曾公开反对这一陋习："不要把婴儿的腿绑得直直的，不要使用绑带、纱布、紧身衣等束缚婴儿活动的东西。宝宝的襁褓应该是宽松的，可以让他自如活动，不能太紧也不能太热，要保持通风。"[1]

然而，如今襁褓重新流行起来，这让儿科、骨科医生们很担心。作为一名资深儿科医生，尼古拉斯·克拉克教授在《儿童期疾病档案》杂志中发表了一篇文章，为家长们敲响了警钟："这种古老的方式来自美国，在美国绝大多数新生儿都被这样包裹起来。更糟的是，这种陋习现在蔓延到了英国，限制婴儿活动的襁褓包衣特别受家长欢迎，销量猛涨 61%。在这种趋势下，法国父母很难躲过这拨'襁褓热'。"[2]

∽ 我的建议 ∾

建议妈妈给宝宝用大一号的纸尿裤，换纸尿裤的时候让孩子两腿自然分开。宝宝舒服

---

[1] 让-雅克·卢梭. 爱弥尔. 弗拉马里翁出版社，2009 年.
[2] 给婴儿裹襁褓，异端. sante.lefigaro.fr, 2013 年 11 月 1 日.

才是最重要的。要知道，小婴儿不会用哭声来提醒你该换纸尿裤了。他们刚刚从羊水中出来，习惯于被湿润的环境包裹，自己的排泄物并不会让他们不舒服。最好在换尿布之前喂个奶，这能让宝宝在换纸尿裤时保持心情愉悦。

尿布

"我今天才知道，纸尿裤大腿根那里，
松紧带旁边的防漏隔边是要抻出来的……" [①]

　　每个妈妈都需要掌握给宝宝穿纸尿裤的技巧。相比于传统尿布需要精心折好，现在的纸尿裤穿起来要容易得多。多亏有了纸尿裤，妈妈们再也不用洗尿布了，宝宝们也不用像以前一样被裹在褓褓里，那样不但活动不便而且还容易发生胯骨异位。虽然有一些坚持环保主义的妈妈还是提倡使用老式的纯棉尿布，但纸尿裤确实超级吸水、超级防漏、超级实用。法国的小宝宝们白天晚上都穿纸尿裤，直到上幼儿园……"有教养的"小孩夏天一定要干净。

✎ 在其他地方是这样的 ✎

　　一直以来，爸爸妈妈们不断挖掘自身的聪明才智，尽量让宝宝保持干爽，并且不弄脏周围的环境……在热带国家，母子之间有一种天然的默契，宝宝有便意时会发出信号，妈妈看到信号会及时把他从缠腰带里拿出来。摄影记者本杰明·比尼告诉我，他在加纳 dagumba 部落曾采访当地妈妈，探究宝宝们如何排便。她们说："有时来不及，就在缠腰布里面大小便……如果我们察觉到孩子要排便时，我们会提着他的后背，把他拿出来，然后让他两只脚踩在地上。"有些妈妈还跟他详细描述了晚上的情况，孩子们通常和母亲睡在一起，半夜时妈妈会叫醒孩子，让他们起床小便，以免弄湿床单。哈比巴说："一般到

---

① 测试……给宝宝换尿裤．apostille.over-blog.fr. 2013 年 1 月 9 日．

8 个月，孩子就自然而然地能控制大小便了。"

　　地处寒带的国家，比如因纽特人，他们喜欢给小孩穿开裆裤，这样他们上厕所的时候就不容易弄脏衣服了。我们是不是应该借鉴一下？当孩子会走后，让他老老实实躺下换纸尿裤，实在是件苦差事。

∽ 我的建议 ∽

　　纸尿裤是家长和孩子的大救星。地处温带的国家，及时换尿布和教育孩子同等重要。随着人们生活节奏日益加快，纸尿裤把家长从孩子的屎尿屁中解放了出来。然而，纸尿裤再方便，总有一天要脱掉。家长要不时给孩子穿上棉质内裤，让他感受一下：有了尿意怎么办？去哪里解决？这样的引导不会立竿见影，经过反复训练，通常孩子在上幼儿园以前，自然而然就会自主小便了。

包屁衣

"包屁衣就像我奶奶的奶奶……
曾经穿的开裆裤衩，不过它多了一个按扣！"

　　包屁衣是每个法国宝宝必不可少的贴身衣物，虽然它有一个新潮的英文名字叫 body，但你肯定想不到它起源于老奶奶的衣橱。据老一辈的人说，这就是她们的奶奶的奶奶……曾经穿在裙子里的开裆裤衩，主要功能是为了方便如厕。开裆裤衩早已"作古"，它所代表的服装样式却被保留了下来，并得到了发扬光大。如今备受女性青睐的塑身衣就是从它演变而来的，由于增加了修饰身体曲线的功能，更符合当下审美。

　　对于小婴儿来说，包屁衣太实用了。把裤裆上的扣子系上，宝宝的小肚子就被完全包裹起来，不影响身体活动，妈妈再也不用担心宝宝着凉了。越来越多的妈妈们喜欢给宝宝穿包屁衣。只要搭配得法，一件小小的包屁衣甚至可以穿到宝宝上幼儿园。

∾ 在其他地方是这样的 ∾

在中国和西伯利亚地区以及因纽特人居住的地方，人们都喜欢给小孩子穿祖母级的开裆裤，避免他们如厕的时候把衣服弄脏。碧翠斯·芬塔内尔和克莱尔·哈考特在他们的新书《世界上的宝宝》中也提到了包屁衣，他们管这种衣服叫"通风的裤衩"。

∾ 我的建议 ∾

包屁衣好是好，但不要在整个幼儿期一直穿这种衣服。因为大人给宝宝换包屁衣时，宝宝必须躺下。这时，双方就形成了一种不对等的关系，高高在上的家长自然处于支配地位。虽然一些天生"有教养"的孩子愿意乖乖躺下，但这种和谐的场面维持不了多久。随着宝宝一天天长大，更加不要奢望他们能老老实实躺在床上，他们喜欢用一双小腿蹬来蹬去，表示反抗。这时父母就得提高声音，厉声命令他听话。

婴儿背带

"会不会导致脊柱侧凸？"

世界上第一个袋鼠式背带在 20 世纪 70 年代问世，随后迅速席卷全球，大大解放了家长们的双手。不过，也有家长担心背带影响孩子的脊柱发育，担心背带会对孩子后背和头部造成伤害。这方面的顾虑很快被消除了，越来越多的家长倾向于选择婴儿背巾，它是一款拯救大人和孩子的"育儿神器"。

但要注意：正确地使用背巾才能保证宝宝呼吸通畅。但在宝宝 1 岁以前，很少有家长整天用背带把孩子背在身上。在这个提倡独立的社会，人们害怕宝宝变得过于依赖别人。

∾ 在其他地方是这样的 ∾

非洲的小宝宝从小住在妈妈的裹腰布里，"长"在妈妈的身上，但他们长大以后并没有变得不独立。非洲妇女也不是一整天都抱着宝宝。对于 2 个月的宝宝，每天最多抱七小时。随着宝宝长大，抱着的时间逐渐减少，当宝宝 1 岁以后，抱着的时间减少到三小时以下。妈妈就这么抱着宝宝，给他喂奶，爱抚他，给他按摩，当他睡着或妈妈需要解放双手的时候，再将宝宝放到背巾中。所以，妈妈每天抱孩子的时长取决于孩子的发育情况，特别是他的睡眠情况。[①]

∾ 我的建议 ∾

如果你需要时不时地照看宝宝，可以选择用背巾。如果你无法保证能一直专心地照看宝宝，最好还是选择有 CE 认证或 NF 认证的背带，这两个认证表示该产品已经通过了诸多安全测试。

不要担心孩子的脊柱，非洲的小宝宝一直被抱着也没有出现脊柱侧凸！抱到几岁？要根据孩子的体重和你的感受来决定。一般情况下，爸爸会接替妈妈继续抱！宝宝 5 个月之前，在抱着他时最好让宝宝面向父母；5 个月以后，可以让宝宝脸朝外；6 个月以后，如果出远门，就得靠爸爸背着了……

摇篮

"在哪儿能买到妇产医院里那样的摇篮？"

医院妇产科的摇篮是塑料的、透明的，不能摇来摇去。对于法国父母来说，他们不在乎新生儿的摇篮能不能摇，他们更关注摇篮的安全性。首先要透明，这样便于父母看护躺

---

① 塞西尔·柯尔特，席琳·格兰德－弗雷奈斯，安妮－索菲·博斯特. 背着宝宝. 拉马蒂尼埃出版社(La Martinière)，2013 年.

在小床里的宝宝；其次要能倾斜，以防止宝宝吐奶；同时要避免宝宝对摇晃产生依赖。我们从摇篮的样式也可以看出，在法式育儿中，从宝宝出生的最初几周开始，大人就在有意无意地培养他的"好习惯"。宝宝不会在父母的房间睡很久，很快他就得去自己的房间，睡在自己那张一米二长的小床上。

今天，很难找到真正意义上的摇篮。也许只有家族中唯一的男孩有权使用曾祖父睡过的摇篮——有着刺绣薄纱罩着的、充满宫廷王子范儿的那种，祖父会为他重新换一个一模一样的新床垫和罩子。如果没有的话，父母们会去 Bonnichon 店里买一个，那里有美丽的复古款摇篮。这个孩子真的很幸运，因为这种摇篮是可以摇的。

∽ 在其他地方是这样的 ∽

在越南，宝宝们睡在一个吊床里，吊床连着妈妈的缝纫机踏板，吊床会随着缝纫机的节奏摇晃。

在墨西哥，小宝宝更愿意睡在妈妈摇晃的怀抱里。

在非洲，孩子则是睡在妈妈的背上，随着母亲干活儿的节奏摇晃。这些都是天然的摇篮，它们能帮助婴儿在最初的几个月或在更长的时间里，找到在妈妈肚子里时妈妈走路带来的摇晃的感觉。人们为了把婴儿放在一个能摇晃的地方，发明了叫做"摩西"的容器。"摩西"用柳条编织而成，就像犹太教创始人摩西被从水中救起时的那只篮子一样。每个民族都会为宝宝制作吊床或吊篮，悬挂起来摇动，这样一来婴儿就不用躺在地上，也能防止被野兽偷袭。

∽ 我的建议 ∽

选择一个真正的摇篮，不用装饰得多么华丽，在宝宝哭闹的时候，妈妈可以把他放在摇篮里哄他。这样，可以减少哭泣引起的婴儿肠绞痛，而且治疗效果比药物要好得多。有些家长曾尝试秋千椅，但这种前后摆动的方式不如左右摆动的方式奏效，无法让宝宝安静下来。宝宝坐在小轿车里时，汽车行驶时的轻微颠簸也有摇篮的效果。但大半夜的，相比于拉着宝宝在巴黎环路上开车兜风，还是在家里放个小摇篮比较方便。

学步鞋

"学步鞋，一定要合脚才行。"

给宝宝买第一双鞋的感觉妙极了，就像看到宝宝长出第一颗牙一样：小家伙要站起来走路啦！从宝宝刚刚能用腿把身体支撑起来，家长们就开始寻找"一双能支撑双脚的鞋子"。商家总是吹嘘自己的鞋子如何如何好：鞋帮是真皮的，有足弓支撑，能保护脚踝。如果可怜的小家伙真穿上这么一双鞋的话，那感觉就像大人穿着滑雪鞋在城市里走路。婴幼儿的脚趾比较短，站立的时候，脚趾呈张开状态，好比在传送带上行走一样。选择宽楦头的鞋，能让宝宝的脚趾完全伸展，帮助它们更好地"抓地"。宝宝的脚长得很快，不同年龄，选鞋的重点也不同，就像对襁褓的看法也在变化一样。不管怎么变化，舒适性都是最重要的。看到宝宝迈出人生第一步时，家长们总是又兴奋又激动。但宝宝之所以能稳稳地站住，可不仅仅是鞋子的功劳！

❧ 在其他地方是这样的 ❧

在中国，宝宝的第一双小鞋子上的图案很有讲究。"在小鞋子前面会有老虎头或兔子头的图案，因为鞋子'长'有一双眼睛，才能避免宝宝摔倒。"[1]

❧ 我的建议 ❧

宝宝的第一双鞋要能够保护宝宝的小脚趾，材质要软，穿起来要轻便，还要有一定的防滑设计。从宝宝迈出第一步起，再过几个月，他才能真正掌握身体的平衡。到了那时，你才能给他买皮鞋。需要注意的是：不要让鞋子勒住宝宝的脚踝，因为这会影响脚部的血液循环。

---

[1] 贝阿特丝丽·枫丹奈尔，克莱尔·阿尔古. 世界各地的婴儿.

学步车

"一不小心，玩出童车病。"

在法国，祖父母那辈的人小时候都用过学步车。学步车指的是有四个轮子的小吊篮，当孩子还不会走路的时候，大人把他放进学步车里，他只需简单地蹬蹬腿就能四处走动。

近年来，学步车引起了很大争议：年轻的爸爸妈妈仍然愿意给孩子用学步车，但专业人士不建议使用，他们认为孩子应该学习自己走路。这是探索的喜悦和自主的努力之间的矛盾。

今天，法国家长们更倾向于让孩子自己学走路。他们宁愿猫着腰牵着孩子的小手，教他走路，在家里的走廊和小花园里留下他们的身影。现在使用学步车的家庭依然存在，但他们只是偶尔用。由于家庭成员的代际认知偏差，"学步车问题"足以引发一场家庭大战。

∽ 在其他地方是这样的 ∽

出于安全的考虑，2004 年，加拿大首先禁止出售学步车（包括新车和二手车），也禁止给学步车做广告。因为学步车使用不当，容易发生安全事故，其中有两种事故特别常见：

1. 宝宝坐着学步车，从楼梯上滚了下去。

2. 宝宝站在学步车中，不小心拽到了桌布，连带着桌子上的东西全砸到了宝宝头上。

在美国，还没有宣布禁止使用学步车，但是保守估计，每年由学步车引起的家庭事故不下 5000 起。

∽ 我的建议 ∽

最初小婴儿只能躺着，接着学会翻身，然后会四处爬，扶着家具能站起来，然后能拉着大人的手走，再逐渐地松开大人的手。尊重孩子的身体发育规律，安全第一，这是最重要的。

对于小孩子来说，学会行走可不是件容易的事！有一些孩子肌肉发育稍晚，刚开始无论怎么努力都不会走，这时学步车可以帮助他们重树信心，满足他们的探索欲望。医生会判断孩子什么时候可以用，用多长时间等。对于这些特殊的孩子，适当使用学步车功大于过。

儿童推车

"有了儿童推车，我再也不用担心宝宝的出行问题了。"

对于法国的新手爸妈来说，最重要的装备就是儿童推车了。一辆时髦的玛格罗兰伞车之于法国宝宝，就像一辆奔驰之于男人。一辆好的童车要足够稳当，背部要舒适，要能调整角度，不能太单薄，最好有减震器，还要有一个储物篮，去公园的时候能放下宝宝的玩具。要想出行顺利，所有的这些要求都要满足……

这样的童车注定体积庞大，只能放在楼下。但法国家长还是义无反顾，他们认为宝宝的美好童年就在童车上。他们优雅地推着童车在车水马龙中穿梭，坐公交车时把童车搬上搬下，不厌其烦地把童车一次次折起来又打开……

❧ 我的建议 ❧

儿童推车的主要功能是方便出行。看看是否可以用同样的价钱买两辆车：一辆超轻、可折叠，可以在平时出门和去托儿所的时候用；一辆什么都能放，可以推着去公园散步，这样你就不用把袋子拎在手上了。至于舒适性和座椅的支撑性，完全不用担心。即使用背带或背巾把宝宝抱在怀里，他柔软的后背都能适应，何况坐在推车里。放心好了，经常坐推车，绝不会引起脊柱侧凸。

第 3 章

父母有多用心，孩子的身体就有多健康

"如果你的孩子比我的孩子笨，那我会很不耐烦。但如果你的孩子比我的孩子
聪明，那我简直难以忍受。"

"污染太严重了，还是少出门吧。"

"为什么意外频频发生？"

"囟门头垢怎么清洗？"

"虽然他难受得号啕大哭，但这对他的呼吸道有好处呀！"

"宝贝，亲亲妈妈！"

"宝贝，别再吃手了，好吗？"

"医生，他长牙了吗？"

"能马上治好吗？"

"一定要打耳洞吗？"

"助产士给他剪了一个漂亮的肚脐！"

"这是属于小男孩的秘密。"

"什么，他的龟头还不能露出来？"

"医生，我只有 12 岁啊，我真的感到羞愧。"

"千万别给孩子灌肠。"

"妈妈，我怎么是个八字脚？"

手足间的比较

"如果你的孩子比我的孩子笨，那我会很不耐烦。
但如果你的孩子比我的孩子聪明，那我简直难以忍受。" ①

　　每个孩子都是与众不同的，父母们很清楚这一点。通常，弟弟妹妹通常要比哥哥姐姐更淘气一些，虽然父母们能够意识到比来比去很不好，甚至有时还会就此向最小的孩子道歉，但他们还是会忍不住唠叨："我们家老大像这么大的时候，早就会说话了……"

❧ 我的建议 ❧

　　请放心：儿科医生也是要比较的！儿童的生长发育情况要与同年龄段孩子的平均水平进行比较。每个孩子的情况都会有一些不同：这个孩子可能说话晚一些，但他会更加专注；那个孩子可能肌肉有些僵硬，走路不稳，但他特别善于沟通……每个孩子都有自己的发育时间表。不要犹豫，把你心中的担心，统统告诉儿科医生。大多数情况下，你的担心都是多余的，医生会好好安慰你。但如果情况严重，则要尽快治疗，通过刺激脑神经发育可以弥补某方面的先天不足：在这个年龄，大脑是"可塑的"。

污染

"污染太严重了，还是少出门吧。"

　　一旦孩子出现咳嗽、流鼻涕或皮肤瘙痒，法国家长就会断言"那是因为有污染"！虽然法国的环境被污染的很少，而且城市中的污染在每天减少，家长们还是会小心翼翼，避免污染影响孩子。

---

① 律师让·威尔辩护时发言。

一般，当孩子出生的时候，爸爸就主动戒烟了，妈妈在怀孕的时候就自觉戒烟了。家长们会仔细查看每一件家具上的标签，撤掉公寓里所有的地毯、帷幔，确保所有居家用品的材料都是光滑的，可以清洗的。而且，他们一有机会就要送孩子去乡下的祖父母家……

∽ 我的建议 ∽

家长带孩子外出的时候，要多去广场，少去购物，在马路上用婴儿车，坐公交车要避开交通高峰。然而，要知道，孩子最经常接触的污染是在家中：大人的烟草，对人体有危害的胶水，布满螨虫的毛绒玩具……所以，家长更应该考虑的是家中的污染源。

猝死（婴儿意外死亡）

"为什么意外频频发生？"

这是很多家长和儿科医生最担忧的事情，我们叫它"猝死"或者是"意外死亡"。猝死看似防不胜防，实际上，让孩子远离常见的安全隐患，能够在很大程度上减少悲剧的发生：胃食道反流可能引起呛奶窒息，趴着睡觉可能导致婴儿窒息，和宝宝同床睡可能危及宝宝的生命……当然，这不等于说婴儿与大人同床睡一定不安全，也并不是鼓励对胃食道反流过度治疗。家长要根据具体情况而定，一切以孩子的安危为重。

∽ 在其他地方是这样的 ∽

无论是住在草房子里的亚洲人、非洲人，还是住在茅屋里的大洋洲人，世界上绝大多数地区的人都是大人和孩子同床睡。晚上，一家人躺在床上，大人轻声讲着故事哄孩子睡觉，也许是战斗英雄的丰功伟业，也许是名人故事，抑或用神话对自然现象、生命和周围的世界进行解释，要么就是关于宇宙起源和宗教概念……孩子们在故事传说中沉沉睡去。[1]

① 新喀里多尼亚参议院培训教育委员会. 传统与现代之间卡纳克青年的地位. www.monpaysmonecole.gouv.nc, 2009 年 6 月.

∽ 我的建议 ∽

宝宝出生后的大部分时间是在床上度过的，他们需要一个安全的睡眠环境。

从前，人们住在茅屋或草房里，那时候没有床垫，人们就睡在草席上，草席的优点是不易堵住婴儿的口鼻，避免了窒息的隐患。在温带国家，比如法国，建议把大床和婴儿床合并在一起，床垫的软硬度要合适，避免阻碍宝宝呼吸。另外，不要让小婴儿在无人看护的情况下单独睡觉。法国的幼儿园规定，孩子在睡觉时，必须有老师看护，这一点也适用于家庭。宝宝 6 个月之前，婴儿床应该摆放在父母的房间里！

囟门的头垢

"囟门头垢怎么清洗？"

家长们总是视囟门为"禁区"，囟门简直就是婴儿出生时头顶的"天窗"。他们不敢碰这块头皮，不敢给宝宝洗头，以至于头皮分泌的油脂和灰尘混在一起，在这里形成头垢。涂抹婴儿护肤品只会让头垢越来越厚。人们认为，等孩子不喝母乳或奶粉了，头垢自然就会没有了。但是，如果不及时清理，这些油腻的头垢会堵塞宝宝的毛囊，影响头发的正常生长。

∽ 在其他地方是这样的 ∽

从古至今，世界各地的家长都把囟门当作焦点。在颅骨没有闭合的这一小块头皮上，能清晰地看到脉搏的跳动，这确实会让所有人印象深刻。从前在欧洲，人们会故意让宝宝头顶上形成一层积垢，再在上面戴一顶甚至两顶软帽。在中国的西藏自治区，人们则用其他的方法来"盖住"囟门——在囟门上涂抹煤灰和黄油。[1]

---

[1] 贝阿特丝丽·枫丹奈尔，克莱尔·阿尔古. 世界各地的婴儿.

∽ 我的建议 ∽

在囟门下面隐藏着一层硬薄膜，叫作"硬脑膜"！所以，用洗发水洗头或梳头都不会对宝宝造成危险……

洗鼻子

"虽然他难受得号啕大哭，但这对他的呼吸道有好处呀！"

每当给孩子洗鼻子时，他都会号啕大哭，小脸憋得通红，不停挣扎，仿佛溺水的人一样。即使这样，法国的家长和医生还是坚持给孩子洗鼻子，他们会说："虽然洗鼻子不好受，但这样能让他呼吸畅通啊。"

法国人总是变着花样"折磨"孩子：帮孩子翻出龟头，用吸鼻器洗鼻子！

所有 2000 年以后在法国出生的宝宝都用过吸鼻器，他们的妈妈从怀孕时就开始学习"洗鼻大法"了：抱着宝宝让他侧躺，往靠上的鼻孔里滴几滴生理盐水，再用吸鼻器把鼻涕和生理盐水从另一个鼻孔里吸出来。每天疏通 4~6 次，他们认为这样能避免鼻炎和支气管炎。

∽ 在其他地方是这样的 ∽

在遥远的非洲，有个叫布基纳法索的国家，他们也会给宝宝洗鼻子。他们是这样做的："孩子左侧卧，躺在妈妈腿上，脸朝着妈妈的膝盖。妈妈左臂弯曲，让小臂恰好放在孩子嘴边，右手小拇指堵住孩子的鼻孔。妈妈拿一个小葫芦瓢往左手手心里舀些水，孩子的嘴巴就浸在水里了。他一呼吸，就会吸进水，通常接下来他会开始咳嗽。"[1]

在法国的留尼旺岛东北部，宝宝出生 2 周后，妈妈会用可可脂给他洗鼻子。"她从旁

---

[1] 贝尔纳·塔韦尔内，阿莉丝·德斯科，贝尔纳·塔韦尔内（主编）. 西非母乳喂养和艾滋病毒，论人类学与公共卫生. 卡尔塔拉出版社（Karthala），2000 年.

边的椅子上拿起一块固体可可脂，用手心的温度使可可脂融化，擦在孩子的鼻子上，这样能让孩子尽快摆脱感冒的困扰。"①

∽ 我的建议 ∽

给宝宝洗鼻子时，动作一定要轻一点，再轻一点！

鼻涕像妈妈的乳汁一样，含有大量抗体，用吸鼻器把它们清理出去，新的鼻涕马上又会冒出来，因为它们是有用的——可以防止细菌和病毒侵入小宝宝的体内。宝宝感冒时，如果有鼻涕，要及时用手帕擦干净。万一孩子一不小心把鼻涕吸进了体内，也别担心，它通过消化道时会被分解掉。所以，洗鼻子并不能缓解感冒症状。如果鼻腔分泌物过多，往鼻孔里滴几滴生理盐水，可以让分泌物软化。孩子感冒时，如果只是流清鼻涕，耐心观察几天，很快就能痊愈；如果鼻涕发黄，伴有中耳炎，那通常就得用抗生素了。

大人都不愿意洗鼻子，就不要难为小宝宝了。何况，洗鼻子这件事，也挺鸡肋的。

法兰西亲吻礼

"宝贝，亲亲妈妈！"

法国小孩天生是亲吻高手，他们习惯用吻来表达亲密的情感，从而增进彼此的感情。亲吻礼是法国人特有的交流方式，当法国人还是小婴儿的时候，妈妈动不动就要求他们"亲亲妈妈"，连小宝宝都会举着稚嫩的手飞吻。稍微大一点的孩子在和熟人见面时，通常会亲吻对方的脸颊，以示友好。亲吻礼不分亲疏远近，碰到初次见面的朋友或是远房亲戚，如果孩子不愿意亲吻行礼，就会被爸爸妈妈狠狠训一顿。只有在法国，我们会从小要求孩子用吻交流，哪怕是萍水相逢的陌生人。

近年来，父母们愈发依恋孩子的吻。我认为，产生这种问题的根源是大人们缺乏安

---

① 洛朗斯·布尔歇，多里斯·波奈，洛朗斯·布尔歇（主编）. 从儿童的照料到习俗.

全感，他们极度渴望被爱，或许跟夫妻关系不稳定有关。貌似父母和子女之间的爱，才是世间唯一永恒持久的爱。孩子那轻轻的一吻，足以抚慰我们空虚的心灵。然而，总有一天孩子会挣脱父母的怀抱，奔向远方，一想到这一天的降临，凭谁都会心痛。所以，爸爸妈妈们无休止地向年幼的孩子索吻，他们紧紧地贴着孩子的脸，生怕他们会跑掉一样。殊不知，这个粗鲁的动作简直压得孩子们透不过气，他们不胜其烦，张牙舞爪地进行反抗，然而父母并不把孩子的抗拒放在心上。这让孩子的攻击性倾向越来越强，直到孩子在幼儿园里咬了别的小朋友，家长们才意识到孩子在人际交往上出了问题。然而，这顶多招来一顿不痛不痒的训斥。除此之外，当爹妈的还能怎样呢，难道要"反咬"孩子一口作为惩罚吗？

　　法国的父母不仅喜欢被孩子亲吻，也喜欢主动亲吻孩子。他们经常在宝宝的额头、脖子、屁股甚至肚子上留下深深的一吻。如果新生儿能得到哥哥的吻是最好的，即使哥哥热情的亲吻有可能会让他喘不过气。

　　1968 年法国爆发"五月风暴"，被压抑许久的人性得到解放，吻孩子的嘴也变得时髦起来。但著名的儿童精神分析师弗朗索瓦兹·多尔多却在法国国内广播电台中明确表示："妈妈不能亲吻孩子的嘴，爸爸也不能。如果孩子想亲父母的嘴怎么办？爸爸妈妈可以亲亲他的脸颊，郑重地告诉他：'不要吻我的嘴哦！我爱你，但我也很爱爸爸（妈妈）。爸爸是我的丈夫（妈妈）是我的妻子。当你以后有了丈夫（妻子），你可以吻他（她）的嘴。'"①

∽ 在其他地方是这样的 ∾

　　在其他地域中，大人们在日常生活中不会经常亲吻孩子。

　　"在非洲，母亲的怀抱是安抚婴儿的最佳场所。母亲的乳房，既是宝宝的生命之源，也是他们心爱的玩具。宝宝喜欢趴在妈妈怀里缓缓入睡。"②不过，非洲人对子女的情感比较内敛，他们并不会像欧洲人一样爱得那么狂热，他们喜欢通过眼神和亲吻表达爱意。

　　在欧洲，哪怕与宝宝分开一天，都可以令一个母亲感到沮丧。"在法国过去的习俗中，

---

① 贝尔纳·塔韦尔内，阿莉丝·德斯科，贝尔纳·塔韦尔内（主编）. 西非母乳喂养和艾滋病毒，论人类学与公共卫生. 卡尔塔拉出版社（Karthala），2000 年.
② 贝阿特丝丽·枫丹奈尔，克莱尔·阿尔古. 世界各地的婴儿. 拉马蒂尼埃出版社（La Martinière），2009 年.

只有久别重逢的时候，大人才会亲吻孩子。"①

越南人不用嘴接吻，而是碰几下鼻子。

因纽特人也有碰鼻子的风俗，他们喜欢蹭蹭孩子的鼻子，来一个别具一格的"因纽特之吻"……但他们从不要求孩子也这样回礼。

在以上的国度中，大人们都不会动不动就亲吻新生儿或宝宝。

此外，在非洲、亚洲和拉丁美洲的传统文化中，人们也没有亲吻宝宝的风俗。尽管在这些地区，人们也推崇"亲密育儿法"——妈妈喜欢把宝宝抱在怀里，宝宝一边吃奶一边睡觉。但人们并不认为父母亲吻宝宝是一种表达爱意的方式。在北欧和盎格鲁－撒克逊国家的文化中，也有这样根深蒂固的观念。俄国也有亲吻礼，但他们的亲吻礼和法国的有所不同，俄国人喜欢嘴对嘴地吻，法国人更多是亲亲脸颊和额头。但俄国人也不亲吻孩子。

总之，法国人的亲吻礼在国际上是独树一帜的。

∞ 我的建议 ∞

首先，我们需要思考你的吻对孩子有什么影响。从孩子的视角看，往好了说，妈妈的吻痒痒的，很舒服。然而，大多数时候，他们只是看见了一张血盆大口和一张大脸朝自己弱小的身躯扑过来，还流着恶心的口水……想想看，他们能从中感受到你的爱吗？还是当他饿了的时候你的照顾，你陪他玩耍或抱着他的时候更能感到你的爱？伸出双手，给他一个温暖的拥抱，同样可以表达爱意，孩子也会很享受这样的欢愉。抱孩子的时候，最好让宝宝背对着大人，这样小宝宝的视野会更开阔，更能满足小宝宝的好奇心。如果和大人面对面的话，双方鼻孔中喷出的气流会让他觉得闷热，而且他什么也看不到：到时候可别怪孩子咬人……

家长不要动不动和孩子亲来亲去。我这么说，并不是有意给你们母子制造疏离，其实孩子更愿意跟你玩游戏。告别的时候，轻轻用手吹一个飞吻吧。当然，临睡前或者去幼儿园接他的时候，你可以主动亲吻孩子，但别强迫他用吻回应你。

---

① 律师让·威尔辩护时发言.

至于爷爷奶奶们，我不得不提醒你们：孩子们行亲吻礼应该建立在自由、自愿的基础上，就像蝴蝶落在脸颊上一样。不要强迫你的孙子或孙女去亲吻他不认识的人。要知道，小朋友之间是很少亲吻的，他们更喜欢在一起玩耍。当然，你会说你太爱这些小宝贝了，忍不住想抓住他们亲个够。然而你可曾知道，孩子心系外面的花花世界，岂会贪恋你这方寸之吻？

吃手

"宝贝，别再吃手了，好吗？"

法国的爸爸妈妈总是担心孩子的牙齿会变形。在法国，现在已经很少有孩子吃手了，因为他们从出生就有安抚奶嘴了。然而有一些孩子非常倔强，喜欢把 4 个小手指或整个小拳头都放进嘴里，即使是在吃奶的时候也要这样做。爸爸妈妈对孩子的吃手行为表示理解，他们也尊重孩子的选择，不过有时还是会担心宝宝牙齿变形或拇指上起茧子。

❧ 在其他地方是这样的 ❧

从前，为避免孩子吃手，人们会用别针把婴儿衣服的袖子别在裤子上。有的爸爸妈妈在宝宝手上涂很苦的药水，但这根本没用，因为在这个年纪，孩子们吸吮的需求很强烈……

❧ 我的建议 ❧

为了不让宝宝吃手，给他安抚奶嘴，这样其实并没有用，因为无论吃什么都有可能导致口腔变形。实际上，如果哺乳能够满足宝宝的需求，无论是母亲亲自喂还是用奶瓶喂，宝宝都不会再吸吮其他东西，不会再吃手或安抚奶嘴了。除非一些宝宝在妈妈肚子里的时候就通过吃手获得满足感了……所以，不要阻止孩子吃手。等到孩子 8 岁左右，牙科医生会帮你解决这些口腔的小问题。

第一颗乳牙

"医生，他长牙了吗？"

即使你知道宝宝一般从6个月才开始长第一颗牙，你还是希望自己的孩子能早点长牙。宝宝的第一颗牙是全家人翘首以盼的大事。人们认为，宝宝长牙越早，意味着他身体越好。在法国历史上，路易十四和拿破仑是两位身强体壮、善于征战的传奇人物，传说他们生下来就长着牙。

从宝宝吐口水、吃小手开始，家长们就迫不及待地观察他是不是长牙了。然而，从一个安静的小宝贝到一个爱咬人的小魔鬼，这个过程会让孩子很不舒服，俗称"出牙痛"。于是大人们"发明"了各种让人哭笑不得的护身符，帮助宝宝缓解出牙痛。

在法国农村，很多家长把鼹鼠的牙齿放在一个小袋子里，别在宝宝身上，这让幼儿园的老师很恼火。

有人迷信琥珀项链的功效，这种链子能不能帮助宝宝长牙尚无定论。但可以确定的是，它容易勒到宝宝并导致窒息，而有些家长就是难以接受这个事实。

还有人推崇顺势疗法，就是在宝宝稚嫩的牙龈上涂上一种"顺势出牙软膏"。让人欣慰的是，近年来，类似于"保姆出于好意给宝宝涂出牙软膏导致口腔炎……"这样的负面消息有所减少。

除此之外，坊间还有很多"偏方"，在这里就不一一介绍了。总之，家长们为了帮助宝宝度过长牙期这个难关，竭尽所能，无所不试。爸爸妈妈们一方面对宝宝的乳牙充满了希冀，一方面又会焦虑不安，毕竟长牙的疼痛和并发症会让宝宝不舒服。

❧ 在其他地方是这样的 ❧

在马达加斯加的古老习俗中，人们认为生来就有牙的孩子是不吉利的，"他们会给整个家庭带来厄运，一出生就会被抛弃在荒郊野岭，然后慢慢死去"。[1]"在新几内亚，父

① 丹杜沃风俗习惯（阿纳瓦拉区）. 医学院院刊，第6卷，1908年.

亲在孩子长牙之前是不能见孩子的。在非洲，如果孩子上颌先长牙，则是凶兆，他会被溺死或是抛弃到原始丛林里"……①

✆ 我的建议 ✆

为了缓解宝宝出牙时的不适，一家法国公司发明了风靡全球的苏菲小鹿牙胶，它同时也是宝宝们最爱的玩具。从 5 个月开始，婴儿就会抓着苏菲小鹿的脖子，咬它的脚和头了。苏菲小鹿牙胶柔软而坚固的质地可以按摩牙龈，安全且无刺激。如果你发现宝宝的牙龈冒出了小白点，要对宝宝有信心。他们会一边流着口水，一边把小手放进嘴里，按摩牙龈。这个动作可以促进眼手协作，对于宝宝将来的交往交流和手部精细动作的发展至关重要。相较于等待第一颗乳牙的迫切心情，我更喜欢看到一个小婴儿用双手探索世界的欣喜。

招风耳

"能马上治好吗？"

如今还是有很多人相信，宝宝的招风耳是睡觉时压出来的。我看到很多家长用胶带把宝宝的耳朵贴在头上，或把耳朵塞进帽子里。当把宝宝放进摇篮里的时候，有人会说："小心点，别睡成招风耳！"

孩子小的时候，家长们忙着培养他们的好性格、好习惯，而常常忽略招风耳这样的外貌问题。就算孩子不幸长了一对招风耳，家长们也不会给孩子任何压力。当孩子被人取笑的时候，他们才意识到这需要介入治疗，不过也有人觉得无所谓。如果萨日·甘斯布通过整形手术治疗了他的招风耳，也许我们就看不到他的《卷心菜头人》这样幽默讽刺的作品了。

---

① 雷蒙德·德卡里．马达加斯加口腔和牙齿习俗．

〰 在其他地方是这样的 〰

自古以来，为了让孩子更好地融入族群，历朝历代的人们都会按照一定的审美标准来修饰孩子的身体。在埃塞俄比亚、乍得和巴西，在孩子 10 岁以前，他们会把盘子塞进孩子的嘴里，尽量将嘴巴撑到最大。缅甸的长颈族女孩为了把脖子拉长，从 5 岁开始就在脖子上套铜项圈，之后会越套越多。红十字组织反对这种扭曲孩子身体的做法，尤其是针对女孩。

〰 我的建议 〰

在法国，当孩子表达"我想和别人一样"这样的想法时，家长们会尽量满足他们的要求。如果你直接跟他说："你这样也很美！"他可能不会接受，并且再也不会跟你表达他的自卑。正确的方法是，你用平静的语气告诉他：如果我们感到自卑，可以去看医生，医生有办法解决。可以向专业的整形医生咨询，让孩子了解如何去调整。孩子得先知道这些信息，然后他才能做出选择：是接受手术，还是拒绝，抑或是以后再说。这样，可以减轻他的自卑心理。

打耳洞

"一定要打耳洞吗？"

人们认为给小女孩儿打耳洞不好，从小戴耳环的孩子不是好孩子。家长们喜欢通过衣服和配饰（带蝴蝶结、扎小辫儿……）来区分男孩和女孩。

〰 在其他地方是这样的 〰

在南欧国家，比如意大利和西班牙，给小女孩扎耳洞是当地特有的习俗。

在法国，出于安全的考虑，幼儿园的小朋友是不允许戴首饰的。但很多拉丁民族的妈妈带孩子度假回来之后，孩子的耳朵上就有了耳洞……在西非国家，小女孩儿很小的时候就扎耳洞了，一般是在出生之后几天。这些地区的人们认为，通过耳洞可以辨别婴儿的性别。

∽ 我的建议 ∾

你的小宝贝已经足够漂亮了，她是大自然最好的杰作！为什么还要让宝宝忍受打耳洞的痛苦呢？何况，还有可能导致感染。为什么不等孩子长大一些，让她们自己选择呢？

脐带

"助产士给他剪了一个漂亮的肚脐！"

宝宝出生后，爸爸妈妈的这句称赞很重要。但医生在剪脐带时可从来没有考虑过肚脐是否美观：他们通常会在距离新生儿身体 3 厘米处剪断脐带，然后打一个结。等脐带干瘪后，就会自然脱落。肚脐表皮的形状与医生的手法关系不大。在很长一段时间里，法国家长喜欢用绷带裹紧新生儿的肚子，直到肚脐上的伤口结痂。他们担心伤口处理不好，会让孩子的肚脐很难看。由于绷带会束缚宝宝的身体，后来人们改成了用松紧带，一方面有利于宝宝腹部发育，一方面可以保持伤口的透气性。现如今，我们才明白，其实只要敷一块纱布就够了。

∽ 在其他地方是这样的 ∾

在法国，大人喜欢用带有弹性的腰带裹住宝宝的下腹，并且在肚脐处中间形成一个凸起，压住肚脐。有一段时间也流行放一枚硬币，让宝宝的肚脐缩进去，据说可以避免产生疝气。至于那段被剪下的脐带，挂在什么地方干燥也有讲究。在诺曼底，有人喜欢把脐带放在玫瑰树下，据说可以保佑女孩美丽动人；有人喜欢放在橡树下，据说可以保佑男孩身强体壮。在海地，人们会把脐带放在牛油果的果核里，而且这个牛油果必须是在孩子出生时结果的。

今天，脐带血可以存在血库里。脐带血很珍贵，里面有很多造血干细胞。

❧ 我的建议 ❧

为了让脐带早日结痂，千万不能捂，要每天进行消毒，保持伤口干燥通风。如果宝宝出生 14 天后，脐带结还没有脱落，就要请医生处理了。脐带结脱落后，有的宝宝肚脐比较突出，大多数宝宝的肚脐会在接下来的几个月里凹下去，一般情况下不需要做手术。如果需要手术治疗，通常在宝宝 3 岁左右进行比较合适。

小鸡鸡

"这是属于小男孩的秘密。"

大部分法国家庭都管小男孩的生殖器叫小鸡鸡，这种叫法很可爱，充满童趣。著名歌手皮埃尔·佩雷在他的一首叫《小鸡鸡》的歌曲中唱到："你们将知道关于小鸡鸡的一切……"对于小孩子来说，这首歌的歌词有些晦涩难懂，但用这种幽默诙谐的方式做性启蒙，简单易懂。法国家长非常腼腆。在诊室中，家长们最关心的问题之一，就是孩子的阴茎长度是否合适。爸爸们通常难以启齿，一般都是妈妈和医生沟通。家长们还会和其他宝宝、兄弟们比较阴茎的长度。在这里，必须要说明的是，阴茎的长短与男子汉气概无关。

❧ 在其他地方是这样的 ❧

"在中国，如果产妇生男孩，助产士就会说：'大喜！'；如果生女孩，助产士就不会说什么……在因纽特人生活的地区，男宝宝出生时，助产士会轻轻拽一下他的阴茎，生怕它会消失，仿佛担心宝宝会变成女孩。"[1]

① 贝阿特丝丽·枫丹奈尔，克莱尔·阿尔古．世界各地的婴儿．

我的建议

新生儿的小鸡鸡长得有些隐蔽，请家长们不用担心，只要压一下耻骨就能看到了。在家中，当孩子长大一些，就不愿意在茶余饭后听到关于他生殖器的评论了。虽然孩子还小，但应该像尊重大人一样，尊重他的小秘密。而且，今天，就算阴茎有问题也可以在孩子小的时候解决。

释露龟头

"什么，他的龟头还不能露出来？"

在法国，人们认为一个健康的小男孩应该在几岁，甚至几个月的时候就露出龟头。孩子小的时候，亲戚朋友们会建议家长将孩子的包皮反复上翻，以扩大包皮口。给宝宝洗澡的时候，家长也会鼓励孩子自己动手把包皮翻上去，露出龟头。然而，越来越多的医生不建议家长用外力干预这些敏感部位，鼓励他们向北欧人学习。

在其他地方是这样的

在北欧，人们认为"除了孩子自己，任何人都不能碰他的生殖器"。随着身体的发育，99% 的男孩都会本能地露出龟头。个别男孩到了 12 岁左右，如果龟头还是被包皮包裹着，他们会接受一个局部麻醉的小手术，使包皮变松。手术过程很简单，几乎没有痛苦。

我的建议

判断一个小男孩身体是否发育良好，只要他有两个睾丸，可以正常小便，就是健康的。即使包皮不能上下滑动，让龟头露出来，也不要着急，男孩子小时候就是这样的，只要不影响小便就没问题。龟头上的黏膜被包皮保护起来，恰恰避免了与外界杂质接触。家长没有必要强制小男孩小小年纪就露出龟头。对于龟头没有过早外露的小男孩来说，其患尿道感染或其他局部感染的概率并不会增加。

　　到几岁的时候必须露出龟头呢？在男孩子青春期前后，也就是 11 岁左右。其实，大部分男孩子的龟头到了这个年纪自然就露出来了。小时候，不用纠结他能不能把龟头露出来，到了青春期就会发育了。如果到了青春期还没有露出来，去医院做一个治疗包皮包茎的小手术，就可以让包皮变松了。手术很简单，只需要局部麻醉就可以了。正常情况下，没必要把包皮切掉。

初次遗精

"医生，我只有 12 岁啊，我真的感到羞愧。"

　　法国爸爸从来不会主动跟儿子谈起与性有关的话题（相反，法国妈妈会很大方地跟女儿谈论月经初潮）。男孩子在进入青春期后，由于精液和精子大量产生，每个人都会经历遗精，有的男孩每个礼拜会经历一次，有的男孩甚至一天夜里会遗精好几次。

　　遗精是一种无意识的行为，青春期男孩通过不自主的射精，排出生殖器内多余的精子。这是身体发育的自然规律，任何人都无法控制，也无须控制。男孩子们一觉醒来，发现身下的床单湿了一片，很多人会手足无措，不知如何是好。别担心！我再强调一次，这是正常现象，任何人都无法控制。如果这件事让父母或小女友知道了，他会更加不安。我知道这件事有点难以启齿，赶紧把床单洗干净，就万事大吉啦！

❧ 在其他地方是这样的 ❧

　　"塔巴拉尼和伊本·乌代说，先知不会遗精。然而，即使遗精，也不能说明这个人有罪过，因为这是一件不受个人意志控制的事情，不能说明一个人是否堕落。恰恰相反，遗精可以平和情绪，抑制强烈的性欲，避免犯罪或终日为这件事茶饭不思（或犯下有违禁忌的事）。"①而且，与 18 世纪流传的说法不同，能给人带来愉悦的手淫并不会让人变聋！

∽ 我的建议 ∽

男孩的第一次遗精发生在 12~16 岁之间，与其未来的性别取向没有关系。男孩到了 12 岁左右，父亲们就可以准备迎接儿子的首次遗精了。女孩儿初潮之后可以去看妇科医生，但男孩没有专门的医生可以咨询。如果父亲觉得和儿子谈论这个话题很尴尬，最好的方法是带孩子去看全科医生，医生会从专业的、中立的立场为孩子解释他的身体会在青春期经历怎样的变化。

灌肠通便

"千万别给孩子灌肠。"

宝宝偶尔排便不正常时，家长们都会很担心宝宝是不是生病了。千万不要滥用栓剂给孩子灌肠，这对孩子的肠胃非常不好。

∽ 在其他地方是这样的 ∽

在 16 世纪的法国，医生们担心排泄物会污染洗澡水，进而影响孩子健康。所以，"医生们在给孩子洗澡之前，都会先帮他们通便"。②在科特迪瓦，至今都有这样的习俗。但"重口味"的科特迪瓦人才不用什么开塞露，"通常由妈妈亲自上阵，用嘴嗫宝宝的肛门，把便便吸出来……在儿童心理医生看来，这是母亲对孩子身体的入侵。"③

---

① 关于"（遗精发生之后的）清洁是否是邪恶或堕落或某种败坏的表现"的答复，www.islamweb.net.
② 多里斯·波奈，洛朗斯·布尔歇（主编）. 从儿童的照料到习俗.
③ 多里斯·波奈，洛朗斯·布尔歇（主编）. 从儿童的照料到习俗.

∾ 我的建议 ∾

无论身体上，还是心理上，宝宝的会阴部都非常敏感，一定要谨慎对待这个隐私部位，尽量减少外部刺激。所以，如果必须用外力通便，最好还是通过口腔给药（包括泻药）。

八字脚

"妈妈，我怎么是个八字脚？"

一直以来，家长们认为孩子走路的仪态仪表很重要，内八字和外八字都不好看。从孩子出生开始，家长们就很注意矫正和固定他们内翻或外翻的小脚。当孩子长大一点，家长们强烈要求他们穿上矫正鞋垫，来改善八字脚。而祖父母那一辈人的土办法是，不厌其烦地纠正孩子的走路姿势，提醒他们脚尖和脚背向前。从八字脚的问题，我们看到了法国教育理念的进步：每个家长都希望孩子走路姿势好看，同时也尊重孩子的心理（因为孩子们还不能控制自己的步伐）。

∾ 我的建议 ∾

人们对矫正鞋垫的功能过于美化，却很少提及它的负面作用。对于正在生长中的骨骼，矫正鞋垫给腿部的压力弊大于利。另一方面，由于穿着不正确，矫正鞋垫无法均匀支撑骨骼，会引起疼痛。只有整形外科医生才能够对八字脚问题给出最中肯的建议。

第 4 章

孩子生病了，怎么办

"宝贝又生病了，得看医生了……"

"什么？漂亮的头型不是睡出米的？！"

"我起水痘了！"

"……不能一生病就吃抗生素！"

"我要在你的屁股里放一颗糖。"

"医生，他会自己长好吗？"

"宝宝视力不好怎么办？"

"宝宝说话口齿不清，是怎么回事？"

"寻找抗酸剂……"

"医生，他肚子胀气！"

"虽然他现在疼得哇哇哭，治疗结束他就会觉得很舒服……"

"医生，您不建议我用运动疗法治疗吗？"

"医生，结果怎样？"

儿科医生

"宝贝又生病了，得看医生了……"

第二次世界大战后，罗伯特·德勃雷开辟了世界上第一个专门针对儿童的医疗门诊，使得法国的儿科医学在相当长时期内保持着一枝独秀。他还富有远见地把儿科医学作为一个独立学科，从临床医学中分离出来，使其与免疫学、遗传学的地位旗鼓相当。在巴黎，有一所综合性医院就以罗伯特·德勃雷的名字命名。

20 世纪 60 年代，弗朗索瓦兹·多尔多首度将精神分析法引入儿科医学，再次推动了儿科学的发展。

在法国，一个"养得好"的孩子必须有一个提供一对一服务的儿科医生。每次去看医生之前，家长会耐心地跟孩子解释打预防针的必要性和相关体检项目。看医生的时候，家长们会在小婴儿的脸上印上一个大大的吻，以此来缓解他的紧张情绪。有时，他们甚至会亲到儿科医生的手！

∽ 在其他地方是这样的 ∽

在西方国家，儿科医学从创办到趋于完善，经历了一个漫长的过程。

18 世纪 50 年代，查尔斯·奥古斯丁·范德蒙医生在谈到"儿童灵魂的偏见"时提出："在对待新生儿的时候，我们不要把他看作一个人，而要把他当成一株努力生长的植物。新生儿拥有人类的自然属性，但没有人类的社会属性。"

同时，也有很多儿科学的先驱，"来自英国、法国、德国和瑞典……他们受到英国教育家洛克和法国卢梭（《爱弥儿》，1762）的影响"。[1]

1915 年，著名的儿科医生德裔美国人亚伯拉罕·雅各比指出："一直以来，在很大程度上，孩子们的问题都被忽视了。"[2]

至此，我们可以宣称：孩子们真正有了自己的医生。

---

[1] 塞缪尔·S·柯特科．关于 18 世纪儿科学起源的评论．医学科学，（第 21 卷），第 3-4 号，1997 年．
[2] 同 [1]

∾ 我的建议 ∾

很少有国家像法国这样，家长们可以自由选择儿科医生，并直接与其对话。专业的儿科医生经验丰富，家长们一定要好好利用。在就诊前，家长需要描述孩子的病情，将发病时间、主要症状和正在使用的药品一一说明，医生会据此帮你预约时间。

在第一次看儿科医生时，家长就要给孩子做好心理建设，最大限度地降低他的恐惧感。你可以给小宝宝带一个奶瓶，即使并不是吃奶的时间；大一点的孩子，可以给他带些饼干。孩子在进入诊室之前，需要关掉游戏机。通常，儿科医生会贴心地为孩子准备玩具和蜡笔，避免他们在就诊时过于无聊。带孩子看病，对家长和孩子都是一个挑战。

正骨医生

"什么？漂亮的头型不是睡出来的？！"

如今，所有"有教养"的宝宝都有一个正骨医生。通过正骨医生的治疗，宝宝扁平的头颅会变得圆润；通过给宝宝做全身抚触按摩的方式，促进宝宝神经系统发育，以缓解反流现象，还能解决睡眠问题……

∾ 我的建议 ∾

正骨疗法很好地体现了法国人既有笛卡儿式的理性主义，相信科学治疗，又重视身体的舒适度，崇尚"温和"的治疗方式。唯一的问题是，正骨医生的水平参差不齐。

水痘

"我起水痘了！"

有一天，一个小女孩高兴地告诉我她起水痘了，她的妈妈也很高兴，因为终于可以给她拍照留念了。对于她们来说，水痘是一种可爱的儿童疾病。几乎每个幼儿园和学校都爆发过水痘。法国人从来不给孩子打疫苗预防水痘。

孩子们认为起水痘是童年不可或缺的记忆之一。即使有时就在去度假的前夜，孩子突然起水痘了，不能出去玩了，家长们也会高兴地庆祝："他终于起水痘了！"。他们给每一颗水痘涂上红药水，这让孩子的身体看上去就像星空一样。小朋友们做着各种搞怪的动作拍照，相当兴奋。

∾ 在其他地方是这样的 ∾

在美国和日本，每个孩子都打水痘疫苗，水痘在这些国家基本上已经消失了。

∾ 我的建议 ∾

法国人之所以不给孩子打水痘疫苗，是因为他们认为疫苗不能够完全免疫，等孩子长大以后还有可能起水痘，我们医生称其为带状疱疹。但水痘有一定风险，有可能引起并发症（很罕见），损害神经系统，或导致眼睛发炎，最糟糕的是有时会留下难看的伤疤。

抗生素

"……不能一生病就吃抗生素！"

医疗保险里的这句口号在一定程度上影响了抗生素的使用。

——"医生，我儿子不能缺课！"

——"幼儿园该不让我女儿进了，而我明天要上班，不能请假……给她开点抗生素吧！"

正是由于妈妈们这样那样的压力，截至 2001 年，法国是世界上使用抗生素最多的国家。此后，法国卫生部对抗生素的使用进行了大规模的宣传管控，妈妈们才对这类药品产生了严重的质疑，这使抗生素的处方变少了。《男士健康》杂志网站上的数据显示，从 2002 年到 2007 年，法国抗生素的使用量减少了 25% 以上。[1]但法国的父母还是希望可以象征性地开点药，用来缓解孩子咳嗽、感冒和肠绞痛的症状……因此一些"温和"的治疗方案越来越常见，比如顺势疗法、正骨疗法。

在其他地方是这样的

全球经济发展的不平衡，造成抗生素使用的情况截然不同。在一些国家，由于抗生素药物极度匮乏，一些小毛病很可能酿成大祸，比如链球菌性咽炎会引起心脏和肾脏疾病并发症（法国儿童已经基本不会发生这种并发症）。而另一些国家则面临抗生素滥用引起的危险。"由于时间和资金不足，有些医生会过度使用抗生素，从而以最快的速度治疗最多的病人。而且，很多患者会觉得不给开点药的话，医生就没有好好看病。这种情况在中国尤其严重，2012 年，相关数据显示，中国人平均每人每年使用 138 克抗生素，这是美国平均水平的 10 倍。"[2]

我的建议

家长们要记住，抗生素是作用于细菌的，而不是病毒。大多数孩子发烧是由病毒引起的，在这种情况下是不需要吃药的，只要密切关注孩子的体温和病情发展就可以了。如果你不放心，看医生是最谨慎的处理方法。医生如果只开了一点退烧药，这也是很正常的。当孩子发烧时精神状态良好，没有其他相关症状，我们可以采取"三天原则"，即：如果发烧三天不退，再去看医生。

[1] "抗生素消费量下降"，www.menshealth.fr.
[2] "后抗生素时代"，www.chinafrica.cn，2013 年 1 月 3 日.

栓剂

"我要在你的屁股里放一颗糖。"

当孩子生病时，法国的父母喜欢给孩子用栓剂，肛门给药。然而，对于栓剂使用的方向一直都有争论。为了防止掉落，一般是用方头的那一端。对于糖浆，孩子们会咬紧牙关不吃，或吐出来。对于他们，使用栓剂也一样困难。有的孩子有呕吐的症状，也适合使用栓剂。孩子发烧和头疼时，就用扑热息痛；呕吐时，用止吐栓剂；便秘时，用开塞露……这些都是法国妈妈的家庭常用药。

❧ 在其他地方是这样的 ❧

对于美国人来说，使用栓剂是不可原谅的，他们认为这是对身体的入侵。他们非常不理解法国人发明的各种栓剂，斥责这种行为有性导向。

❧ 我的建议 ❧

如果婴儿呕吐不止，或者孩子有强烈的吃药恐惧，我们通常推荐使用直肠给药。但如果妈妈频繁用栓剂帮孩子排便，容易导致孩子不能自主排便，所以这种做法并不可取。

扁头综合征

"医生，他会自己长好吗？"

孩子的头形是一件令家长们无比操心的事情：有的宝宝脑袋扁平，有的宝宝头形不对称。这些家长们为此十分苦恼，为了重新塑造宝宝的头形，他们会求助正骨医生、儿科医生或尝试运动疗法。

⌘ 在其他地方是这样的 ⌘

在非洲有些地方，人们喜欢"把新生儿塞进树枝或者藤蔓编织的织物里，有时甚至造成新生儿的颅骨变形。这看似有些残忍，但家长这样做，是为了让孩子融入族群，增强学习能力和记忆力。"①

美国和西班牙的医生会比法国医生更加倾向使用矫正头盔。

⌘ 我的建议 ⌘

颅骨变形是由于肌肉张力出现了问题，或是颈部肌肉单侧挛缩。最合理的治疗方案是通过运动疗法和正骨疗法来矫正姿势和肌肉张力。儿科医生会检查颅缝是否有提前闭合的趋势。如果有这样的趋势，就需要神经外科医生手术治疗。考虑到矫正头盔会束缚宝宝的发育，舒适感略差，这种方法并不常用。

视力矫正

"宝宝视力不好怎么办？"

在法国，我们教育孩子说话的时候要看着对方的眼睛，如果孩子斜视的话就很麻烦了。最好的解决方法是，及时带孩子去看视力矫正师，通过特殊的眼部肌肉练习和戴眼罩来改善斜视状况。

⌘ 在其他地方是这样的 ⌘

对于斜视，美国人更加主张干涉治疗，通常会进行手术。

---

① 苏珊娜·拉勒曼德，选自《世界各地的婴儿》序言.

〜 **我的建议** 〜

一定要去看眼科医生！根据检查结果，听取医生的意见。眼科医学发展日新月异，无论是在美容方面，还是在视力方面，都取得了很大进步。有问题，早发现，早解决。

舌系带

"宝宝说话口齿不清，是怎么回事？"

舌系带是舌头底部和口腔底部之间的一薄条状组织。家长总是认为这条膈拽着舌头，会导致孩子喝奶困难或者说话晚。事实上，这种情况比较少见，随着宝宝长大，舌系带自然就放松了。

〜 **我的建议** 〜

舌系带紧张不会导致说话迟缓，至多会引起说话不清楚。如果你有这方面的担心，可以带孩子去看一下儿科医生或耳鼻喉科医生。

胃食管反流

"寻找抗酸剂……"

婴儿胃食管反流是一种常见疾病，因为婴儿胃部的上开口处贲门肌肉力量发育不成熟。如果做胃镜检查，要将一个小管插进食管，这会让宝宝大哭不止。常规治疗方法是：通过给药来抑制反酸。在宝宝频繁哭闹的时候，很难坚持"法式"喂奶的原则，也就是按时喂奶，而不是按需喂养。

☙ 在其他地方是这样的 ☙

从前，人们应对反流的方法很简单，那就是给宝宝戴一个围嘴。后来，儿科医生发现反流会引起婴儿猝死，才开始对胃食道反流进行治疗。

☙ 我的建议 ☙

母乳是最天然的抗酸剂。不用担心，按需喂养是没有问题的，每当宝宝哭或想吃奶的时候喂他就可以了。许多家长不愿意这么做，担心频繁喂奶、大量喂奶会加重反流现象。如果在母乳或用奶瓶喂奶后，宝宝还是大哭，就需要看医生了。幸运的是，胃食道反流只是暂时的，等宝宝长大一点就会自动消失。

婴儿肠绞痛

"医生，他肚子胀气！"

每当家长这样描述宝宝病情的时候，我都会回答："这就对了！这说明他的肠子功能正常……"

肠绞痛是最令法国新手父母头疼的问题之一。当孩子在两餐之间不哭不闹，不经常胀气，在规律的喂奶间隔期间很放松，家长们才会完全放心。如果孩子定量喝奶，还是犯肠绞痛，那就没有什么比这更让父母紧张的了。周围的人会向你提出各种建议，然而无论是换奶粉还是改用"防胀气奶嘴"，结果都令人失望。最后，经常以宝宝胃食管反流的假设，靠医疗介入治疗而告终。

☙ 在其他地方是这样的 ☙

缓解肠绞痛的方法有很多。过去，在法国的凯尔西省（Quercy），人们信奉狼神，希望神能缓解孩子的疼痛；在加蓬，人们会把一种叫恩库姆 nkumu[1]的草药煎煮后，让孩子服下。不过吃了这种药，有可能引起严重的肠胃炎。今天，我们一般会推荐西甲硅油、顺导疗法的小药丸或按摩疗法。

∽ 我的建议 ∽

在孩子出生之前，父母就要了解：宝宝那么娇小的身躯，每天需要吸收和消化的奶量是巨大的，他需要通过奶水的营养来供给全身器官、大脑和骨骼。所以，他有胀气是正常的，肚子疼也是正常的，而且在某一段时期内还会越来越严重。除了医生开的药，不要给孩子吃太多其他的药物，因为这些药物也会增加肠道消化的负担。在最初的几个月，在孩子肠胃发育不完善的时候，只需要耐心、怀抱着他摇晃和喂奶这些最自然的方法就可以帮他度过肠绞痛期。当你的耐心用尽的时候，可以让家里人帮你抱抱宝宝。

运动疗法

"虽然他现在疼得哇哇哭，治疗结束他就会觉得很舒服……"

运动疗法主要用于骨折后的康复以及其他神经骨科疾病的矫正……法国人也经常用它治疗支气管炎，即使婴儿在治疗的过程中疼得哇哇哭。虽然治疗过程很痛苦，但法国家长认为这对孩子有好处。运动疗法的优点在于不打针不吃药，通过按摩刺激孩子咳嗽，继而用吸鼻器疏通鼻腔和咽部。家长们经常说："孩子一看到运动治疗师就哭，但治疗效果还不错！"

∽ 在其他地方是这样的 ∽

呼吸运动治疗法是富有法国特色的治疗手段。在德国、英国和美国这些西方国家，鲜

---

[1] "加蓬库木习俗。" www.planteetplanete.org.

有使用这种方式的。在这些国家，患支气管炎的儿童也得到了很好的治疗，而且恢复得很快。其他国家的人认为法国人的这个发明很奇葩。

❧ 我的建议 ❧

运动疗法的疗效越来越受到儿科医生的质疑，甚至连法国人自己也开始反省。卡拉马地区安托尼·贝克雷赫医院的文森·盖多什医生和他的同事针对巴黎地区 7 所医院的患儿进行了研究，跟踪了近 500 名两岁以下的支气管炎住院患儿，"一半患儿每天接受三次呼吸运动治疗（加快呼吸、刺激咳嗽），其他的只用吸鼻器。运动疗法并没有表现出明显的治疗优势……

不过，运动疗法也不是一无是处。家长掌握一些简单的推拿手法，有助于随时监护孩子的病情，避免病情恶化。所以，我不反对运动疗法，但也不会神化它……

推拿运动疗法

"医生，您不建议我用运动疗法治疗吗？"

当宝宝咳嗽和气喘时，家长们最希望得到的回答是："约一下运动治疗师吧。"在法国，运动治疗法很受家长们的青睐，它是治疗毛细支气管炎的第一选择。在宝宝呼气的时候，医生会帮助他进行胸部和腹部运动，以便将气管的分泌物升抬至口腔，再帮助他咳出来。宝宝会接受 5~10 次这样的按摩。运动治疗师会向孩子的鼻子里滴生理盐水来帮助他疏通鼻腔，同时医生也会教家长如何给宝宝清理鼻子。虽然专家们对疗效还存在争议，但是家长们仍然很喜欢通过这种方式帮助孩子更好地呼吸。

❧ 在其他地方是这样的 ❧

推拿疗法历史悠久，人们普遍认为按摩有强身健体的作用。但治疗毛细支气管炎的运动疗法不是一般的按摩，而是一套由来自巴黎儿童医院的运动治疗师们潜心研究的特殊手法。目前，这套手法在其他西方国家备受争议。《处方》杂志认为："这种运动治疗法会引起一系列不良反应，包括治疗过程中血液含氧量降低和呕吐。治疗过程毫无舒适可言，婴儿痛苦不堪，一旦操作不当，很容易造成肋骨骨折（1000 名接受治疗的婴儿中会有一例骨折）。数据显示，2012 年，患有毛细支气管炎的婴儿中，接受运动治疗法的患者，效果并不显著，而且弊大于利。因此，最好不要让婴儿接受这项治疗。"[1]

∽ 我的建议 ∾

运动治疗法之所以风靡法国，其实是由于家长担心孩子的病情恶化而产生的，而这种治疗法能够缓解家长的焦虑情绪：运动治疗师会每天观察婴儿的情况、血氧量，监护孩子有无胸壁吸气性凹陷、鼻扇等症状。在发病急性期的前六天，运动治疗师会每天检查宝宝，这也使家长放心。是不是必须要按压他的胸腔、吸他的喉咙，或是让他对手术产生恐惧，继而大哭不止？当然不是。只要有一个温柔的运动治疗师和及时的监护就可以了。

包皮环切术

"医生，结果怎样？"

在信仰犹太教和伊斯兰教的家庭中，男孩子切除部分或全部包皮是人生中一个非常重要的仪式。法国的家长认为，实行包皮环切手术是必要的，这样能让龟头彻底暴露出来，但只有极少情况下是出于医疗的目的。它能让男孩子的包皮变得更松，从而方便龟头伸缩。如果家里的男主人做过这个手术，他们就会倾向于给自己的孩子做这个手术。他们通过这种方式，在孩子的身体上打下家族的烙印。当父母们看到孩子露出的龟头，他们会急切地问："切下了多少包皮？""龟头冠是不是全露出来了？""形状是不是对称？"，等等。

---

[1] 毛细支气管炎：胸部物理治疗阴性测试. 处方杂志. www.prescrire.org，2010 年.

家长很担心手术的效果。然而事实上，由于每个男孩子身体情况和手术方法都略有不同，所以术后效果也是不尽相同的。

❧ 在其他地方是这样的 ❧

在犹太教中，做包皮环切术是割礼中的一个仪式步骤，在宝宝第 8 天的时候进行，是宝宝进入成人的世界的标志。很多妈妈要求助产士为孩子的名字保密，要等到他完成割礼这一天才公开孩子的名字。在穆斯林家庭中，包皮环切术让一个男孩子变成了真正的男子汉。在非洲，每个男孩子在青少年时期都要做包皮环切术，一般在 11~13 岁之前。在几内亚，男孩在 12~16 岁之间做包皮环切手术。据圣经记载，阿拉伯人的祖先伊斯梅尔是在 13 岁做的这个手术。由此，我们可以知道，人们通常选择在青春期做包皮手术。现在，做手术的男孩子年龄越来越小，在大多数阿拉伯国家，这个年龄是 5~7 岁。

在德国，大法官们曾经掀起了一场关于包皮环切手术的大讨论，有人认为这个手术破坏了孩子身体的完整性。相反的，世界卫生组织的研究人员认为包皮手术对非洲儿童是有益的，因为可以预防性传播的疾病，这些疾病在西方比较罕见。目前，这一争论还很激烈。

在美国，做包皮环切手术的男孩子在逐年减少。19 世纪 70~80 年代，80% 的美国男孩都会割包皮，但到了 2010 年，这一比例只有 55%。"新生儿做包皮环切术可以预防阴茎癌。然而在发达国家，患阴茎癌的概率很低……其他与阴茎相关的疾病，比如龟头炎等，无论割不割包皮都可能得……不过，也有些人认为，做完包皮手术后，在性生活方面能获得更大的快感。"[1]

❧ 我的建议 ❧

当父母意见一致时，按照家族的传统给孩子做包皮手术是一件私人的事情。当夫妻意见发生分歧时，我发现妈妈最后还是会同意丈夫和婆家的意见。但能强迫一个母亲给她的小宝宝做这样的手术吗？我曾经见到过夫妻因为这件事反目成仇，造成夫妻不和的。无论做出什么样的决定，家长们最好达成一致。最后，做包皮手术对健康产生的益处，如前文

---

[1] "割礼人数减少。" www.leparisien.fr, 2012 年 8 月 21 日.

提到的研究显示，可以减少性疾病传染和治疗包皮过长。由于手术中要打麻药，建议男孩子在青春期后进行手术为宜。

第 5 章

孩子，就该这么管教

"不要把食物扔在地上！"

"这件事……没得商量！"

"你找打是不是！"

"哦，是的，我打了他屁股……

但是医生，我只是轻轻打了他几下，并且只是偶尔打……"

"打是亲，骂是爱……"

"一个古老的纪念品？"

"你回自己房间去！"

"我要好好教训教训你！"

"我可不想他长大像他表哥那样！"

"她常说：'我不敢'，从不说：'我想要'。"

"够了，就这样！"

"如果你敢打你弟弟，你知道会有什么后果！"

餐厅

"不要把食物扔在地上！"

法国人天生热爱美食，有了小宝宝后，他们便迫不及待地带孩子去餐厅体验。还好他们知道，不到 6 岁的孩子是不可能坐在法式餐厅中用餐的。大人们入座坐好，点菜前还要礼貌性地聊几句，每一个人都要看菜单选餐，接下来是等服务员来点菜，一般要等半小时左右菜才能上桌，之后才是主菜。大人们聊天，孩子们也听不懂，一会儿就失去耐心了……甜点要一个小时以后才能上，这时候孩子早就不能"文雅规矩"了！

∾ 在其他地方是这样的 ∾

在美拉尼西亚，人们围着席子吃饭，孩子们想吃一口的时候就过来，吃完就跑到一边玩去了。美国人喜欢吃快餐，一切都为小朋友准备好了。帕梅拉·德鲁克曼描述道，有一次带 18 个月的女儿去餐厅吃饭，惊奇地发现："整个用餐的过程就像上刑一样，女儿根本不在座位上乖乖坐着，把食物扔得到处都是。我们旁边是一个正在用餐的法国家庭，孩子很乖，一点也不挑食，大人就像出来度假一样。总而言之，我们这两个家庭的情况恰恰相反！" ①

∾ 我的建议 ∾

首先，要给孩子养成习惯，和孩子一起吃饭的时候要注意餐桌礼仪，给他树立一个好榜样。当孩子到了能和大人自然交流的年龄时，再带他去传统的法式餐厅。准备一些故事书和涂色书，还要有一个大人专门照顾孩子。这样孩子就会很"享受"去餐厅用餐，并且愿意学习餐桌礼仪。

---

① *最好的母亲，就是我们。帕梅拉·德鲁克曼访谈。*

威信

"这件事……没得商量！"

这是法国家长经常说的话。在教育孩子的过程中，家长们认为威信是必不可少的。那么，该如何树立威信呢？——语气很重要。孩子们很快就能分清什么时候是可以讨论的，如"为什么？""但是，妈妈……"；什么时候是"没得商量"的，因为爸爸妈妈更清楚这么做的后果是什么。当家长斩钉截铁地命令时，孩子们自然会明白，并且乖乖听话。

∾ 我的建议 ∾

威信并不是独裁。天冷的时候让孩子穿上毛衣，这是合理地表现威信。如果这件毛衣穿上不舒服，孩子大可以选择另一件毛衣。这时如果你强迫他穿这件，那就是荒唐的了，而且会削弱你的威信。法国家长非常注意拿捏这个分寸，避免处处指手画脚，或者对孩子专制独裁。

打耳光

"你找打是不是！"

法国父母并不认为"一记耳光"是体罚，而且他们经常会回忆自己小时候挨的耳光……虽然他们有时会为此感到羞耻，却不会怀恨在心。幸运的是，在法国，关于废除体罚的呼声越来越多，还出现了一个叫作"不要打耳光，不要打屁股"的组织，年轻一代的父母很少打骂孩子。

∽ **在其他地方是这样的** ∽

在北欧国家，打孩子耳光是非常罕见的事。

∽ **我的建议** ∽

参见"体罚"词条，你会在那里找到不能打孩子耳光的理由。

打屁股

"哦，是的，我打了他屁股……

但是医生，我只是轻轻打了他几下，并且只是偶尔打……"

按照拉鲁斯字典的解释，打屁股是"往屁股上连续打几巴掌"，通俗来讲，这意味着"可耻的失败"。幸运的是，很多年轻的父母已经开始质疑这一做法。在法国，打屁股是习以为常的：每个法国人都挨过打，基本上也都打过孩子屁股。打屁股是法国国民记忆的一部分，打屁股的记忆深深烙刻在每个法国人的心中。大多数法国家长现在还是会打孩子屁股，他们一边打一边说："这是你自找的！"孩子做错事的时候，家长会先威胁他说："你找打吗！"然后，他们伸出三个手指头说："一——二——三——"

我们曾强烈呼吁，打屁股是不对的！长辈们听了，不以为然地说："又不会打死人！我小时候也挨过打，现在还不是好好的！"有时，他们还会给你好好上一课，打屁股分重打、轻打，以及打屁股的好处和弊端……

就这样，在大多数法国家庭中，孩子犯错误的时候，家长都喜欢用打屁股的方式惩罚他们。当这些被巴掌"打大"的孩子长大，为人父母以后，他们也会认为打屁股是理所应当的，也会以此惩罚下一代。人们常说，打屁股是一种行之有效的教育手段。

作为议员，我曾经在法国掀起了一场关于禁止打屁股及一切形式的体罚的大讨论。这是一个复杂的问题，当把打屁股归为体罚的一种时，常常令人啼笑皆非。

➳ 在其他地方是这样的 ➳

美国人帕梅拉·德鲁克曼很推崇法国人教育孩子的方式，但即便如此，她也承认："我发现打屁股在法国并不是禁忌，甚至是法国家长普遍使用的杀手锏。我希望我永远都不要采取这种方式。"①

北欧人则更加斩钉截铁："当她得知大部分法国人都不同意禁止打屁股时，一位瑞典母亲十分震惊，'对于我们，是绝不可以打屁股的。埃里克也是一个有权利的人。我可以劝他，好好跟他讲道理。当我很生气的时候，我就离开房间一会儿，喝杯水冷静一下。在我的成长过程中，我从没被打过屁股，作为母亲，我也肯定不会用这种方式。'"②

在离我们更加遥远的国度——印度，克洛德·列维－施特劳斯是这样描述的："大人不会惩罚孩子们，我从没看见过哪个孩子挨打，除了开玩笑，甚至没有人会扬起手指头。"③

➳ 我的建议 ➳

无论是打孩子屁股，还是口头威胁他"我要打你屁股啦"，都会伤害孩子，也是对他的羞辱。家长对孩子的羞辱，会发展成为孩子叛逆、怨恨和阴郁的一面。在他今后的一生中，当面对更强的人时，他都会有负罪感，并且缺乏自信。打屁股会侵害孩子的基本权利，伤害他的身体和尊严。

在教育孩子的各种方式中，打屁股是最低效的，建立在互相尊重基础上的教育方式有很多，不一定非要打屁股。对于那些权威扫地、无法约束孩子的家长，可以向相关机构求助，在那里你将会学习如何教育孩子。④

---

① "最好的母亲，就是我们！"帕梅拉·德鲁克曼访谈，前文引述第 96 页.
② "瑞典，孩子王的国度？" www.la-croix.com，2012 年 1 月 17 日.
③ 克洛德·列维－斯特劳斯. 忧郁的热带.
④ 艾维吉·安提耶. 棒之外的权威. 罗伯特·拉封出版社（Robert Laffont）.

体罚

"打是亲，骂是爱……"

法国的家长反对一切形式的体罚。他们认为所有的体罚都是对孩子施暴，不管是用皮带、鞭子抽打孩子还是用其他的方法。但他们认为打屁股、打耳光并不是广义上的体罚。法国的家长们试图界定什么样的体罚程度是"可以接受的"。如今，是否要用法律禁止一切形式的体罚（指所有形式的惩罚，一切让孩子有疼痛感的方式）正在法国受到热议（作为议员，我有幸发起了这场争论）。法国的父母逐渐意识到对孩子施暴是荒唐而且有害的。普通的带有教育性的暴力被法国社会所接受，家长们理所当然地行使他们的权威。"出于教育目的"打孩子是合法的，家长，包括保姆，都可以体罚孩子。

∾ 在其他地方是这样的 ∾

北欧是世界上最早通过禁止体罚儿童的法律的地区。早在三十多年前，瑞典就率先出台相关法律，明文禁止体罚孩子。之后大部分国家都效仿"北欧模式"，无论是拉丁文化的西班牙、葡萄牙，还是信天主教的波兰，抑或是历史上以专制独裁著称的德国……

欧洲委员会秘书长布基契奥曾指出立法禁止体罚的意义：在瑞典，孩子指控家长体罚的案件只降未增，被强制移交给福利院的孩子数量大为减少；在所有通过这项法案的国家中，"不能否认，我们观察到家长的心理发生了变化"。[1]

在大多数非洲国家，家长打骂孩子被认为是天经地义的事情。比如在塞内加尔，在沃洛夫人中，yar 既指"棍子"，又指"教育"。在大多数非洲国家，是允许体罚的，体罚是家庭教育的一部分。近年来，在国际儿童组织和其他当地组织的推动下，这一情况有所改善。[2]

---

[1] 国民议会会议．2010 年 1 月 22 日．
[2] 2012 年结束西非儿童体罚阶段报告．结束儿童体罚拯救儿童和国际计划全球倡议机构．

∾ 我的建议 ∾

看到别人体罚孩子的时候，不要坐视不管。在法国，虽然法律并没有明文禁止体罚儿童，但如果你发现了"令人担心的事情"，你可以拨打 119 告发，相关部门会立刻介入，他们通常会派出一支由心理医生和教育工作者组成的团队，为施暴的家长提供心理疏导和教育援助。

很多法国父母会说："情节严重的体罚和日常生活中的适度体罚（如打耳光、打屁股）是不一样的，不能相提并论……"对此，我不敢苟同。如果将家庭教育中使用的暴力手段合法化，势必对一部分孩子有害，而且会让那些虐待孩子的父母找到一个完美的借口。

掸衣鞭

"一个古老的纪念品？"

掸衣鞭是由几条皮带组成的一根鞭子。现在，教育系统已经不允许使用掸衣鞭了。但在有些家庭中，还是能看到它们的踪迹，大多只是摆在那里震慑孩子——要守规矩。所有家长都对塞古尔公爵夫人的描述记忆犹新，当年他们上学的时候，老师经常"拿起长长的教鞭，打一下学生的头"。[①]

如今，政府不支持废除体罚，一些心狠的家长索性用皮带代替以前的掸子打孩子……

∾ 在其他地方是这样的 ∾

以前在非洲，家长们认为体罚是一种行之有效的教育方式，他们本身就是在大人的棍棒下长大的……但越来越多的新一代非洲人放弃了体罚，他们已经意识到，打孩子只会让孩子变得越来越不守规矩。

---

① 霍膝斯·杜福尔．伯爵夫人塞居尔．婚前姓名索菲·罗斯托希纳．弗拉马里翁出版社，2008 年．

◈ 我的建议 ◈

扔掉你的掸衣鞭吧！即使它只是你"用来吓唬孩子"的老古董！小孩子的观察能力和推断能力要比大人强得多，不要让孩子在威胁中长大。

扔掉你的皮带吧！不要用皮带打孩子，也别用它威胁孩子。一旦心头镌刻了怨恨的火苗，孩子要么变得从此目无尊长，要么变得唯唯诺诺，胆小怕事。

在体罚孩子这件事上，法式教育已经做出了修正，但仍然还有一些禁忌要打破。

惩罚

"你回自己房间去！"

从前，家长对孩子惯用的惩罚手段是"凉水配干面包"。现在，几乎没有人用这种方式惩罚孩子了。

在学校，教师不再让违反纪律的学生去校长办公室，而是说："你到资料室去！"老师们可以把不听话的学生赶出去，赶到一个可以监督他的地方。如今，戴驴耳朵帽子、贴标签这样羞辱式的惩罚已经消失。在学校，老师把学生赶出教室以示惩罚。家长们一般对此表示默许，他们会对孩子说："你一定是罪有应得！"同样，孩子在家里犯了错误时，家长会剥夺他玩游戏机和看电视的权利，说："回你自己房间去！"

◈ 在其他地方是这样的 ◈

对于今天的父母来说，学校惩罚学生已经是过去时了。从 1704 年开始，天主教学校就严格禁止教师惩罚学生，"不允许把孩子关在屋子里，让他课后反省错误。只有无能和没有经验的老师，才会妄图封住学生的嘴或给他戴'驴耳朵'。"[1]

然而，作为作家兼教师，儒勒·勒鲁在 1950 年写道："纪律嘛，纪律是这个世界上

---

[1] 让－巴蒂斯特·德·拉萨. 基督教学校的行为（1704）. www.le-temps-des-instituteurs.fr.

最重要的事。

上课的时候，学生要双手交叉放在桌子上，脚要放直。如果他的双手摊开了，罚写20 行；脚动了，罚写 20 行；没举手就回答问题了，罚写 20 行。对此，学校不接受任何形式的理由和抗议。如果哪个学生有意见，就让他来找我。我会让他下次再也不敢这么做。"①

一直以来，坏学生都要戴驴耳朵帽子：在其他人众目睽睽之下，戴着一项有长耳朵的帽子，让大家都看到他的愚蠢。

∽ 我的建议 ∽

没有解释，没有孩子的理解，惩罚就是"干瘪"的，没有任何意义。在一所学校里，经常受到惩罚的总是那么三两个人，屡教不改，收效甚微！

相比"惩罚"，我更愿意用"后果"这个词。孩子必须学会为自己的行为承担后果。"我得让你到教室外面去了，因为你打扰了大家。""我得关掉你的游戏机，因为你要先做作业。""我不能给你买神奇宝贝卡片了，因为我要留 5 欧元缝补撕坏的衬衫"。

另外，实施惩罚刻不容缓，不要说："你等着吧，等你爸爸晚上回来，看我怎么收拾你……"因为到了晚上，不到 8 岁的孩子早就不记得做了什么错事，他只记得自己是一个"坏孩子"。

教训

"我要好好教训教训你！"

在法国，有一项权利叫"教训人的权利"。《拿破仑法典》曾将这一权力赋予骑警队。虽然这个时代早已过去，但现在的家长为了"教训"孩子，还是可以动手的。幸运的是，

---

① 让 - 巴蒂斯特·德·拉萨．基督教学校的行为（1704）．www.le-temps-des-instituteurs.fr.

法国年轻的爸爸妈妈不再崇尚这种教育方式，他们认为这毫无意义。同时，国家对相关法律也做出了调整。

∽ 我的建议 ∾

　　其实，你可以换种方式"教训"孩子：让孩子自己待一会儿，让孩子体验到事情的严重后果，尤其不能动手打孩子。作为"教训"，家长要给孩子留下足够的尊严，让孩子体会到父母深深的爱意。

别人家的熊孩子

"我可不想他长大像他表哥那样！"

　　通常，法国家长会尽量避免公开评价别人家的孩子，因为大家都知道熊孩子的养成不是一朝一夕的事，家长是孩子的第一任老师。但每个家长都会认为别人家的孩子比自己的孩子更令人讨厌，缺乏家教，简直"欠揍"。幸运的是，每个家长都对自己的孩子有极高的容忍度，对孩子的一切行为都能抱着乐观的态度，使他们对别人的批评充耳不闻……

∽ 我的建议 ∾

　　公开批评别人家的孩子，指责其他家长的教育方式，从来都是不明智的。祖母们一定要忍住，不要随意对别人家的孩子品头论足。其实，你可以委婉地提出一个解决方案："不然，我给你们家孩子报一个手工班，让他找点事情做？"这样既表达了你的意思，又不伤人自尊……

我想要

"她常说：'我不敢'，从不说：'我想要'。" [1]

我小的时候，我的父亲经常引用维克多·雨果的这句诗跟我强调："不能说'我想要'，而要说'冒昧地问你……'"这句话给我留下了深刻的印象……当孩子跳着脚说"我想要！我想要！"的时候，家长通常会说："以后再说吧……"然后劝孩子要有耐心。

❧ 我的建议 ❧

并非孩子提什么要求都能马上得到满足，法国家长会有意识地培养孩子从小养成这种习惯。从出生不久开始，面对孩子的各种需求，都有意识地让他等上五六分钟，培养孩子的耐性。

争论

"够了，就这样！"

当家长们感到讲道理会削弱他们的权威时，这是他们最喜欢的一句话。即使他们愿意听听孩子跟他们"顶嘴"，他们仍然坚信，理解并不等于允许。同时，当家长无法说服孩子时，这句话就像是家长给孩子的最终宣判。

❧ 我的建议 ❧

对于孩子的顶嘴，家长们要耐心引导，适当地给孩子一定的说话权利。如果孩子完全是无理取闹，家长要等孩子冷静之后，再进行适当的教育。

---

[1] 维克多·雨果. 沉思集. 波尔凯出版社（Pocket），2010 年.

争吵

"如果你敢打你弟弟，你知道会有什么后果！"

言外之意："你会挨几个耳光……"这句话听起来多么荒谬：为什么要用打孩子来禁止孩子打人？为什么要以暴制暴？然而，由于城市的居住空间有限，孩子们在一起玩的时候，任何游戏都会变得有攻击性，即使是在团结友爱的兄弟之间。家长们尽量不做过多干预，他们认为兄弟之间吵架是孩子的天性。

∽ 在其他地方是这样的 ∽

美国父母对孩子的争吵干预得更多。这令他们精疲力竭，甚至有时会被孩子摆布。孩子们喜欢故意大吵一架，来吸引父母的注意——比如总抱着电脑的爸爸……在仍然保留部落生活的国家，孩子们经常自己解决问题。在户外，如果被别的孩子欺负的话，他们更喜欢选择逃跑……

∽ 我的建议 ∽

孩子们之间的争吵，是推推搡搡的天真烂漫，还是拳打脚踢的残酷殴打？两者的分寸很难把握，没有明确界限。最好的方法就是，尽量少让孩子参加有可能发生无谓争斗的活动。孩子们打架的原因，可能只是心里比较烦，需要找个人发泄。从小受欺负的孩子，长大后心理上仍然会有印记。

第 *6* 章

父母这样做，孩子的交际能力会更强

"谁过生日都会邀请他！"

"法国小孩从 3 岁开始就谈恋爱了！"

"这是我的家，你不许留人在这儿过夜！"

"请跟这位夫人说'您好'！"

"'您'是一个表示尊敬的词。"

"我等你说那个神奇的词……"

"我没有听到那个神奇的词……"

"宝贝，你跟医生说再见了吗？"

"跟你说话的时候，不许看着天！"

"听别人说话的时候，要看着对方的眼睛！"

"永远不要纠正拼写错误！"

"把杯子端起来喝！不要用嘴够杯子！"

朋友

"谁过生日都会邀请他！"

法国孩子从幼儿园就开始交朋友了，这是他们融入社会的第一步。要衡量一个孩子的社交能力，可以看他交到多少个朋友，收到多少份邀请。为朋友挑选一份合适的礼物是一个传统的社交手段，既是出于礼貌，也是一种交流。此时，无论妈妈工作多忙，她都会很乐意帮助孩子准备一份合适的礼物去赴约，因为与小朋友们的交往日后会成为他的社交优势。如果一个孩子很少收到其他小朋友的邀请，妈妈就会如坐针毡，赶紧带他去看儿科医生或心理医生。因为她很担心孩子被同伴孤立，或性格过于内向。

∾ 在其他地方是这样的 ∾

无论是在非洲、亚洲还是拉丁美洲，在那些还保持种族部落和乡村生活的地方，孩子们从小就与小伙伴们在一起生活。在乡村长大的孩子，交往交流意识萌芽得更早，他们甚至从刚刚会爬时，就在大人的看护下和小伙伴一起玩了。

相反的，生活在城市里的孩子，从小被关在四四方方的公寓里，很少跟外界接触。他们的社交关系都是由父母选择的。进入青春期后，他们渴望得到尊重和认可，就在社交网络上找"朋友"……

∾ 我的建议 ∾

是的，如果孩子有自己的玩伴，那么恭喜你。小伙伴们对他发出邀请，证明他掌握了一定的交往技巧。但需要注意的是，不要把他"推"给小伙伴，你和孩子共处的时间也很重要。在你们日常的相处中，在放松的时刻，比如休假的时候，你可以借机将你的文化和价值观传达给孩子。

对于那些忙于"改变世界"的父母，你们的孩子也许已经建立了自己的圈子，但你却被孩子排斥在圈子之外。

最后，如果您的孩子真的很少收到小伙伴的邀请，那么很有必要带他去做一个性格分析。当然，也有一些早熟的孩子更喜欢和父母交流，这未必是件坏事。

小小恋人

"法国小孩从 3 岁开始就谈恋爱了！"

父母们会有这样的感觉。在不同的阶段，法国父母和孩子之间对于孩提时的恋爱有很好的默契。在幼儿园的时候，父母会鼓励小家伙们与一个异性小伙伴交往。上小学的时候，"有教养"的孩子更愿意和同性别的小学生交朋友。到了初中，孩子们会悄悄跟父母说一些谈恋爱的事情。当然了，他们只会吐露朋友们的故事。母亲会觉得孩子什么都跟自己说了，但其实他们给自己留了一小片秘密花园。

上高中以后，他们会请自己"最好的朋友"到家里"复习功课"。这时，爸爸妈妈就心领神会了，他们会"不经意"地把医生的联系方式给孩子，以便在紧急情况或需要保密的情况下备用。孩子们上学的时候，基本和父母同住，因为法国学校不提供住宿，所以未成年人只能和父母住在同一个屋檐下，这样父母们对孩子经常交往的人就了如指掌了。

∽ 在其他地方是这样的 ∽

"早恋"是近年来一个很流行的新名词，很多家长视早恋如洪水猛兽。以前，人们对小屁孩的情感通常视而不见，有一些文化中甚至还约定娃娃亲。此外，大人们总会用成人的眼光去看待孩子们的情感，这使父母们既感到难为情又忧心忡忡，其实孩子们之间的感情和成年人之间的相去甚远。

∽ 我的建议 ∽

不要用世俗的眼光去看待孩子们对异性的好感，要尊重孩子们的感情世界。当周围人起哄说："他恋爱了！"每个孩子都会感到很难堪。

在西方文化中，随着精神分析文化的传播，人们意识到孩子也有恋爱的情感。但按照弗洛伊德的理论，4~12 岁是一段"潜伏期"，孩子们的兴趣首先在于学习周围的事物，对性的欲望被转移抑制。

你可能会悄悄注意到，你的儿子在看到某个小姑娘的时候特别开心，忍不住牵她的手。也许你觉得他的样子很可爱，转头把这件事告诉了家里的其他人，但孩子会有被羞辱的感觉，甚至还会影响他对你的信任。

唐吉现象

"这是我的家，你不许留人在这儿过夜！"

越来越多的法国孩子有"恋家情结"，他们喜欢赖在父母家里，特别是单亲家庭的孩子。

法国导演埃蒂安·夏蒂利埃的电影《吾儿唐吉》大获成功，把"唐吉现象"搬上了银幕。法国的家长尝试给孩子设置限制。一般到 25 岁，学业才算结束，这时孩子已经完全成人了，有能力承担成人的一些属性（工作、公寓、责任、孩子……）。

法国家庭补助金管理局和财政部也制定了一个国家标准：孩子 25 岁以后，父母不再领取补助，纳税时也不再减去孩子的部分，除非有特殊情况。

但法国孩子花在学业上的时间越来越长，进入职场越来越难，家长们不放心让孩子一个人漂在外面，情愿和他们一起生活，这使唐吉现象越来越普遍，特别是男孩。

∽ 在其他地方是这样的 ∽

在美拉尼西亚古老的部落里，"青年男子叫 nekotrahmany，他们不能和自己的父母生活在一起；他们离开家，和一群年纪相仿的男生生活在一间公共的茅屋里，叫作hemlon。每间公共茅屋里都有一位老师傅，叫 qatr，做他们的向导和老师。他们和父母、女孩儿分开生活。"①

qene hmelom 实际上就是这些年轻人的教育机构。在这里，老师傅教授给他们 qenenoj，包括历史文化、行为的规范、传统技艺、风俗中的规矩和禁忌，以及如何为人处事。

在北欧国家，丹麦、芬兰和瑞典，唐吉现象很少见。在荷兰，大学生都住在学校公寓里。

与一直和父母生活在一起的年轻人相比，在感情问题上，他们遇到的问题不一样。在日本，如果子女成年后继续和父母生活在一起，会被认为是一个彻底的失败者，人们叫他们"寄生虫"。

美国父母具有强烈的开创精神，他们鼓励年轻人走出家门。由于学校的课程设置比较灵活，很多美国年轻人过着半工半读的生活，他们会利用课余时间打工赚钱。但实际上，这些年轻人在心理上还没有"长大"，时不时往父母家跑一趟。"婴儿潮"这一代，也就是 1946 年至 1964 年间出生的人，在 26 岁时，选择住在父母家的人数在五年里一共增长了 46%。②

∞ 我的建议 ∞

每个家长都会尽其所能帮助孩子早日在社会上立足，这是做父母的本能。单亲妈妈为孩子做出的牺牲就更多了，而孩子长期赖在家里使她们非常困扰，毕竟她们收入微薄。生理上的成熟（15 岁）和社会性的成熟（25 岁）并不协调，这使孩子和父母一起生活的时间延长了。但家长们要坚持一个原则：如果孩子和异性朋友交往，需要私密空间了，那他就不应该再和父母住在一起了。

① 新喀里多尼亚参议院培训教育委员会. 传统与现代之间卡纳克青年的地位. 前文引述第 183 页.
② 美国回巢族现象抬头. www.bfmtv.com, 2012 年 10 月 1 日.

您好

"请跟这位夫人说 '您好'！"

这句话，我每天至少会听到 10 次。毫不夸张地说，法国宝宝说出的人生第一句话就是"您好"。在我的诊室里，在我和家长们正式开始对话之前，他们一定会坚持要求孩子说"医生，您好"或"夫人，您好"……即使是普通的家庭聚会，大家也会翘首以待，等着小朋友们说出这句开场白。

如果孩子不愿开口，家长就会坚持让他说，甚至把他骂一顿。孩子 6 岁以后，他会因为没有跟客人主动问好而受到惩罚，被关在房间里不准出去玩。

当他再长大一些，他会说"您好，夫人"或"您好，弗朗索瓦"，而不是简单地说一句"您好"。这意味着，他已经学会了分辨对方的身份。

法国父母还会要求孩子："打招呼的时候，要看着对方的眼睛。"因为，有眼神的交流才是真正的见面。

∾ 在其他地方是这样的 ∾

美国人从不强迫小孩子说 hello（你好）。我有一个美国朋友，他是一名律师，他告诉我："我们从来不会强迫一个不到 4 岁的孩子在电梯里跟陌生人问好。"但孩子的父母会热情地向对方打招呼，他们认为亲自言传身教，时间长了，孩子自然就学会了。实际上，虽然美国人不会命令孩子说 hello，但无论是在电梯里偶尔碰上，还是在问路的时候，美国的成年人都要比法国的成年人更主动。我不禁开始思考：我们对孩子打招呼这件事是不是干预太多了，从而导致了矫枉过正，适得其反？

同样，在美拉尼西亚也是如此。我在那里住了很久，从来没见过美拉尼西亚的父母要求孩子向第一次见面的人有任何表示。孩子们会暗中观察成年人之间是如何聊天的，这很重要。随着他长大有独立意识了，他会很自然地模仿大人的交往交流技巧。

∽ 我的建议 ∽

能叫出对方的名字并且问好，这的确很重要。法国的家长有理由坚持这一传统。然而，这其中还是有一些细微的差别。

真正的有礼貌是，比如你向卖报纸的阿姨说"您好，夫人"，她也会这样回应你。你有没有发现，孩子在玩"过家家"时，会很自然地跟玩具熊和布娃娃说"你好"。但是外出时，那个"话痨宝宝"好像换了一个人，他们一脸紧张，还不敢跟一个盯着他的大人说"夫人，您好"，他只想躲到妈妈的裙子后面……

为什么要强迫他打招呼呢？有一些孩子当面表现得彬彬有礼，但当你一转身，他就在后面朝你挥拳头。这有什么意义呢？

那些不肯问好的"小坏蛋"让家长们很头疼，他们经常跟我抱怨："这孩子，见了医生连招呼都不打。"我告诉他们："他已经用眼睛跟我问好了呀。"孩子听了这话，会大方地抬起头，脸上的羞愧一扫而光，眼神中充满了信任。

一个孩子的教养，不是靠大人口头训练出来的。家长要给他作一个好榜样，热情地跟人问好。渐渐地，孩子也会自然而然地说出"您好"。很快，孩子会在问好时加上"先生"或"夫人"，而不用你一遍遍地提醒他："您好，然后呢？"

敬语 "您"

" '您' 是一个表示尊敬的词。"

从前，在法国的很多家庭中，孩子称呼家长要用"您"，在孩子 7 岁以后，家长也要用"您"称呼孩子。根据社会学家莫妮卡·潘松－夏洛特的估计，法国现在还有两万个家庭仍在使用"您"称呼（多是中产阶级家庭），以此来体现尊长。[①]

然而，这种传统已经过时了，以至于当孩子们邀请朋友来家里玩的时候，说"您"会

---

① 以您相称，面临消失的使用语. www.lefigato.fr, 2007 年 5 月 21 日.

让他感觉很难为情。但是"您"仍然是对长辈尊重的一种表现。小学老师很少用"您"称呼孩子，但在中学里，老师坚持用"您"称呼学生。

∽ 我的建议 ∽

我必须承认，我跟我的小患者互相以"你"相称，我觉得这样更加亲近。他们长大成人以后，我们再次见面的时候，还是会以"你"称呼对方。用"你"比较亲切，打个比方说，某天，我偶遇了一个曾经诊治过的姑娘，她已经嫁为人妻并有了一个可爱的小宝宝……如果我叫她"您……"，她可能会气得暴跳如雷……

敬语"请"

"我等你说那个神奇的词……"

"那个神奇的词是什么？"当孩子想吃甜点的时候，法国妈妈总会这样问孩子。反复灌输使其成为孩子的内在习惯，是法式教育的一部分。孩子会脱口而出"请"，即使他并不知道这个词究竟是什么意思。法国大文豪雨果曾经写过一首诗："她经常说：我不敢；她从不说：我想要。"[1]据说，雨果写这首诗，是为了炫耀他的孙女很有教养。

当我小时候忘记说"请"的时候，我父亲就会用非常夸张的语调念这句诗。我当时并不明白雨果的孙女为什么说"我不敢"，我觉得她的意思是"我不敢问你"……但我还是会老老实实地说："爸爸，请。"我把"请"说得如行云流水，就像所有"有教养"的法国孩子一样。法国父母对这个神奇的词有着深深的执念。从孩子咿呀学语开始，当他朝着饼干伸出小手时，家长们就会问他应该说什么。幸好每个法国孩子都能说"请"这个词，这样家长才允许他吃饼干。到了 3 岁，如果孩子不主动说"请"，他就不能拿到想要的玩具或好吃的。

---

[1] 维克多·雨果. 沉思集.

∾ 在其他地方是这样的 ∾

美国人的口头禅是 Please（请），但是他们不会要求小孩子也这么说。

在中国，在不同的场合有不同的礼貌用语，大人不会刻意要求孩子去说。

∾ 我的建议 ∾

大人们很喜欢教可爱的宝宝说"请"。但要注意，不能让宝宝有挫败感。如果一直被拒绝，他会变得很叛逆。有时，孩子宁愿放弃他想要的东西，也不愿意在大人的逼迫下说"请"。

有的大人只在意孩子是不是守规矩，却忽视了他的内心需求。也有的大人想通过这种方式让孩子听话，但孩子不喜欢这个人（比如不常见的祖父母）。所以，管教孩子要适度，更重要的是大人们要身体力行，树立好榜样。比如吃饭的时候，如果爸爸对妈妈说："亲爱的，请把水瓶递给我好吗？"孩子自然就学会说"请"了……所以，育人先育己，家长先要给孩子创造一个"有教养"的环境，孩子自然就"有教养"了。

谢谢……谁?

"我没有听到那个神奇的词……"

每个孩子都会说谢谢，这没什么稀奇的。但在法国，道谢时必须加上称呼，比如"谢谢，夫人"或者"谢谢，爸爸"，这样才算完整，才是有教养的表现。这与英语表达不同，在以英语为母语的国家，人们只是匆忙说句"谢谢"。

∾ 在其他地方是这样的 ∾

表达感谢并送礼物是一个代代相传的习俗。当美拉尼西亚人在茅屋中介绍自己并被接纳的时候，按照习俗，双方要交换礼物。

比起问好和告别，美国人则会花更多精力教孩子说 thank you（谢谢你）和 please（请），他们并不会像法国人一样要求孩子说："谢谢，夫人。"

∽ 我的建议 ∽

如果你的孩子不愿意说谢谢，或不愿意在道谢时加上称呼，也不要大喊大叫地斥责他，这样反而会让他产生心理障碍。

你可以用正常的语气，轻声说："谢谢，奶奶。"小孩子经常听到你这样说，慢慢地他就会主动地说了。

再见

"宝贝，你跟医生说再见了吗？"

我经常听到法国家长这样提醒他们的孩子。

培养懂礼貌的孩子，要从娃娃抓起。法国家长从小就教孩子在道别时说"再见"，就像每次见面的时候都要说"您好"一样。当宝宝还躺在襁褓里时，我们会拉着他的小手做"再见"的手势；稍微大一点的宝宝，我们会命令他们回到医生的办公室说"再见"；再大一点的孩子，要是没有说声"再见"就溜走了，我们会坚持叫他回来，听到他嘟嘟囔囔地说完才满意。

为了让孩子主动说"再见"，家长们真可谓不遗余力。等到孩子能够主动说"再见，医生""再见，夫人"，一切就大功告成了。当孩子能说出对方的称呼时，就说明他们学会了分辨不同的交往对象，对打招呼这件事有了深层次理解。如果孩子始终不肯开口，家长就会摆出"大人的架子"，三令五申："快跟×××说'再见'！"以此表明自己的立场，要当一个家教严格的完美父母。在和爷爷奶奶道别的时候，如果家长没有提醒孩子跟长辈亲吻道别，那爷爷奶奶就会指责孩子不懂礼貌、没教养，正所谓"养不教父之过"。

∾ 在其他地方是这样的 ∾

在其他的文化中，很少有父母逼迫孩子说"再见"的。在美国、中国和非洲，家长们会微笑着说"再见"，至于孩子说不说，全凭自愿。日本家长不会让很小的孩子说"再见"，因为他们的语言极其复杂，在不同场合，"再见"有不同的表达方式，而且说"再见"的时候要行鞠躬礼。在日本，"有教养的"家长不会苛求小孩子这样做。

我在新喀里多尼亚工作的时候，接触过很多当地人。塔希提人带孩子来看病，他们不会强迫孩子说"医生，再见"，大人们道别时像唱歌一样说"Parahi anae"，或简单说句 Nana。同样的，美拉尼西亚人说"Tata"，这是一个既简单又容易模仿的发音，如果孩子们愿意也会说，但没有人会强迫他们。在这些国家的文化背景中，大人教育孩子讲究细水长流，以礼服人。

∾ 我的建议 ∾

教孩子说"再见"，这本身是件好事。但家长们在引导过程中可能会遇到两个障碍：有的孩子天生害羞，见了生人就变得腼腆起来；有的孩子好奇心强，到了陌生的环境迫不及待想去探索一番。这是孩子的天性使然，需要因材施教。如果家长一味恶言相逼，忽视了孩子内心的真实感受，"再见，医生"这句话就变成了孩子的负担，失去了意义。

如果父母只是为了证明自己教子有方而逼迫孩子道别，那么这种方式本身就是失礼的。比如，有的家长会在诊室里没完没了地说："克利斯朵夫，你快回来！你还没有跟医生说'再见'！快说啊，我们等着呢……"这样的唠叨，有时是不合时宜的。比如，医生还要忙着接待其他患者；比如，诊室外已经人满为患了，大家都在焦急地等着看医生……

因此，正面的教育也要掌握分寸，身教大于言传。作为孩子的榜样，家长说一句热情又清楚的"再见，医生"或"爷爷，再见"，有事半功倍的效果。这句话会印刻在孩子的心里，潜移默化地影响他的行为，当他长大以后，跟别人告别时就会自然而然地说出"再见"两个字。

尊重

"跟你说话的时候，不许看着天！"

尊敬师长是法式教育的基本礼仪。从 20 世纪 50 年代开始，尊重的含义更加丰富了，要尊重所有人，特别是弱势群体。小朋友应该尊重同学、公园里偶遇的小宝宝，不准歧视身体有缺陷的人等。

∾ 在其他地方是这样的 ∾
日本人把尊重他人这件事做到了极致，形成了等级苛刻的上下尊卑关系。他们极其尊重前辈和上级，但对于不知名的人或下级的尊重程度就低一些，礼数不一样。

看着对方的眼睛

"听别人说话的时候，要看着对方的眼睛！"

这个问题看起来很简单，但法国父母们总是不厌其烦地跟孩子强调，这证明它有一定的道理。"有教养"的孩子在倾听的时候会认真地看着对方的眼睛。在和别人交流的时候，对方的表情和肢体变化首先会通过眼睛中央的瞳孔映射在视网膜上。视网膜是人体唯一可见的神经组织。眼神的交流可以开启他人的思想，我们不光用耳朵倾听，也在用眼睛倾听。

∾ 在其他地方是这样的 ∾
在塞内加尔，眼神的接触会让人感到不舒服。如果你直视对方，会被认为是蛮横无理。在塞内加尔，人们会提醒孩子在年长的人面前要低下头。[1]

---

[1] 文化信息 - 塞内加尔. 跨文化学习中心. www.intercultures.ca.

∽ 我的建议 ∽

科学地跟孩子解释眼睛是心灵的窗口，他很快就能明白在初次交流时坦诚直视对方的重要性。当他明白这一点，上课的时候就会认真听讲了。老师在讲课的时候，能够感觉到他的眼神。即使老师没有直接关注孩子，也知道孩子在听讲。这有助于孩子集中注意力。我经常跟孩子说："上课时要看着老师听他讲课。即使他没有和你说话你的成绩也会提高！"

明信片

"永远不要纠正拼写错误！"

法语的拼写十分复杂。能够遵守拼写规则，写一手漂亮的法语，是很优雅的表现。对于法国家长来说，孩子在朋友面前的表现事关重大，以至于父母总是忍不住纠正他们在明信片上的拼写错误！这样一来，孩子本来是高高兴兴地给小伙伴寄明信片，最后在家长的唠叨下，却变成了被动式"听写"。

现在，写明信片的法国小孩越来越少了，大家更愿意选择发短信或电子贺卡。

∽ 在其他地方是这样的 ∽

相比法国人，英国人和德国人更热衷使用明信片，他们每年都要寄出大量明信片。美国的小朋友很有创造力，他们不会拘泥于文字拼写那些小问题，而喜欢用荧光笔画一些小图案或粘上一些贴纸，把明信片变成一个真正的小礼物。

∽ 我的建议 ∽

永远不要纠正孩子明信片上的拼写错误，你会扼杀孩子的自发性。帮孩子选一张喜欢的明信片，贴上邮票，认真地写上地址，让他更好地享受与小伙伴的友谊和期待回复的心情。如果能和小伙伴重逢见面，那就更开心了！孩子会记住这些美好的回忆的。

不要把胳膊肘支在桌子上

"把杯子端起来喝！不要用嘴够杯子！"

这是当年我父亲经常说的话……当去别人家做客的时候，你在餐桌上的一举一动，就是留给主人的第一印象。"有教养"的孩子一定不能把手藏在餐桌下，而要放在膝盖上；不能用胳膊肘支在桌子上，而要把前臂放在桌子上；要把杯子端到嘴边喝，而不是低着头用嘴够杯子喝。

∾ 在其他地方是这样的 ∾

在英国、美国和日本，吃饭的时候，双手要放在桌子下面，而不是膝盖上。法国人的习惯正好相反，如果孩子这样做，会被人认为是极没有教养的。

∾ 我的建议 ∾

小孩子上身比成年人短，所以要让他们遵守这些"好习惯"并不容易。我的祖父母们有一个好办法：在孩子屁股底下垫一本厚厚的字典，就能让他们坐得高一点！把手放在桌子上的好处是，大人可以随时看到孩子的手是不是干净。吃饭之前一定要洗手：在很多家庭，这个卫生习惯还是需要大人反复提醒……

第 7 章

给孩子一个好性格

"我希望宝宝还没出生就能和他爸爸打招呼。"

"抚触按摩让我的宝宝更聪明、更健康！"

"别太惯着他，他应该自立了！"

"我有一个好孩子。"

"医生，这孩子简直太任性了！"

"医生，怎样才能让他不嫉妒呢？"

"我不想让他感到自卑……"

"他和他爸爸一样，天生是个暴脾气！"

"他什么都懂，可我就是没法跟他讲道理！"

"她的确很漂亮，但你不应该只赏识她的外貌。"

"不能让他自以为是！"

"他很有幽默感！"

"你不能什么都顺着他！"

抚触胎教

"我希望宝宝还没出生就能和他爸爸打招呼。"

荷兰学者法兰斯·维德曼发明了这种胎教方法，取得了很大的进步。从胎儿第四个月开始，由爸爸满怀爱意地抚摸妈妈的肚子，让胎儿感受到父母的抚摸。通过这种方法，可以让宝宝在出生前就建立一个具体的"三口之家"的家庭模式。这样，在宝宝出生以后，新手父母会更有信心。

∽ 我的建议 ∾

我观察到，接受过抚摸胎教的婴儿出生后大多性格开朗、爱说爱笑。但很难验证婴儿出生后的这些特点是否真的是抚触胎教的功劳。唯一值得肯定的是通过一起做胎教，夫妻双方的感情变得更加亲密了。

抚触按摩

"抚触按摩让我的宝宝更聪明、更健康！"

从前，妈妈们从没有想过给婴儿按摩。现在，每个年轻的妈妈都会买润肤油，每天洗完澡后给宝宝做抚触按摩。讲究的家庭，喜欢用甜杏仁油，有的妈妈喜欢买含有橄榄油成分的产品。为了满足妈妈们的诉求，各大化妆品品牌都推出了专门为婴儿设计的抚触产品。

∽ 在其他地方是这样的 ∾

全世界的妈妈都十分重视跟宝宝的抚触交流。在越南，我看见过一个妈妈给刚出生的小宝宝按摩：从小脸蛋开始，按到全身每一个部位，最后是脚趾。

其实，按摩的习俗自古就有，只是各个时期流行的按摩油略有不同（乳油木、椰子、芝麻、葡萄籽、可可脂或棕榈油）。人们认为按摩既有神秘的功效（可以驱邪），也有现实的作用（驱赶蚊虫和寄生虫等）。

❧ 我的建议 ❧

经常给宝宝做抚触，有助于发展宝宝的自我感知，让他知道这是自己的小脚（宝宝五个月左右的时候才能本能地意识到），那是屁股，屁股下面是腿。孩子通过抚触，可以学到如何表达爱、接纳爱……这有利于他以后发展亲密关系。

但有两点要注意：

——宝宝皮肤细嫩，吸收力强，避免使用含羟基苯甲酸酯等易致敏香料的护肤品……建议家长购买大品牌的产品，质量安全有保障。

——给宝宝做抚触时动作要轻柔，力度不要太大。宝宝的性器官和臀部很敏感，手法不当会影响宝宝健康……

自立

"别太惯着他，他应该自立了！"

一个"有教养"的孩子应该学会自立。从孩子出生那刻起，亲戚朋友就会鼓励新妈妈不要总是抱着宝宝，不能让他沉迷在妈妈怀里。我们会给宝宝一个有质感的安抚玩具，让他摆脱妈妈的怀抱。

在幼儿园里，老师每天都会鼓励小朋友："宝贝，你自己试一试！"父母每天晚上都能从当天孩子的表现中看到点滴进步，看到他们一天天自立起来。

家长总是好奇："他能照顾好自己吗？"孩子进入幼儿园后，老师首先会教他们穿衣服。老师鼓励家长不要帮孩子做作业。中学通常实行"走班制"，不同的课程安排在不同的教室里上，孩子要学会自己找教室、上课。另外，每天放学的时间是不一样的。放学以后，每个孩子都会自己回家，耐心等待爸爸妈妈下班。

"自立"是当今法国教育的关键词之一。

∽ 在其他地方是这样的 ∽

在非洲的传统教育中，孩子是在母亲的怀抱中学会自立的，这听起来有些矛盾。"非洲的妈妈带孩子的时候，会本能地把她的缠腰布给孩子"①，但缠腰布不是一件简单的玩具，缠腰布"象征着一种默契的连接，是血脉相连、心灵相通的情感纽带，它凝聚着来自家人的爱和安全感。从一开始，非洲的孩子走向自立的过程就和法国的孩子不同，他们会借助一件具有安抚功能的小物件"。②

在美国，父母们希望尽早尽快地教给孩子认知能力。而在法国，家长们希望首先培养孩子的社交能力和独立意识，比如孩子要从小适应集体生活，然后才是学习语言、文字，等等。法式教养方式的优势在于，即使有了孩子，全家人还能保持正常的生活秩序！

∽ 我的建议 ∽

确实，孩子们需要学会适应环境，合理安排自己的时间和活动，他们从小就希望掌握这方面的自主权。法国家长给孩子这样的机会，很早就让他们自己应对，这样的做法值得肯定。但凡事都要循序渐进：父母要给予孩子足够的安全感，做他们的坚强后盾，这样的自立才能带来进步。家长急于求成，无情地"催熟"孩子，没有给予他足够的关爱，就是揠苗助长，反而对孩子无益。牵着孩子的小手走远一点，说说他即将面对的事情都有什么意义，只有这样，他才会真正自立。

---

① 克里斯蒂娜•克埃菲. 童年，第 50 卷，第 4 号，1997 年.
② 与注释 ① 引用资料相同.

听话

"我有一个好孩子。"

对于法国家长，孩子听话很重要。法国父母认为自己的孩子很听话，而别人家的孩子不够听话[1]……

一心想给孩子"完美人生"的法国家长们坚信，养而不教不利于孩子的成长。

∽ 我的建议 ∽

让孩子乖乖听话，是一件很困难的事情。如果你喜欢长篇大论地跟孩子摆事实讲道理，说不定哪天他就变成了令人疲惫不堪的谈判家。如果你经常冲孩子大吼大叫，暴力镇压，他可能又会变得离经叛道，无法无天。这两种极端的态度都很危险。

有些父母不怒自威，他们平日对孩子和蔼可亲，但碰到绝对禁止的事情，他们又能斩钉截铁地表明自己的立场和原则。必要的时候，他们会坚定地说："不行！"孩子们就会老老实实的了。

任性

"医生，这孩子简直太任性了！"

在法国，当家长不理解孩子为什么生气，为什么跺脚、嚎叫、满地打滚的时候，他们就会给孩子贴上一个"任性"的标签，这对所有家长来说都是一段艰难的考验。孩子刚出生的时候，家长总是积极回应新生儿的每一个信号，不厌其烦地抱着他、哄着他、陪他玩。奇怪的是，到了孩子两三岁的时候，家长却经常抱怨孩子无端发脾气，有的家长会不耐烦

---

[1] 家长，找到合理的权威. www.psychologies.com .

地说："这孩子太任性了！"他们不再好奇孩子为什么发脾气，或者说他们也不知道如何是好……

❧ 在其他地方是这样的 ❧

美国人用"可怕"来形容两岁的孩子，他们管这一时期叫"可怕的两岁"。这个说法表明，大人嘴里所谓的"任性"只是每个孩子都会经历的"特殊时期"，并不是某个孩子的特殊性格。

❧ 我的建议 ❧

假设此时此刻你就是个 2 岁的孩子，不能控制自己的行为，无法满足自己的基本生理需求，一切全靠大人安排……你就会理解孩子内心的冲突，比如他明明想知道盒子里面有什么，但又会想到："妈妈不让看，我要做一个乖宝宝"……由于语言发展不成熟，孩子还不能自由表达内心的需求，所以他会感到不安，就会乱发脾气。这时，如果你耐心地对宝宝说："好啊，我们一起看看盒子里有什么。它看起来好像很有意思，我给你打开看看。咱们看完这个，再去玩别的！"这样，孩子慢慢地就学会了管理情绪，而不是用"任性"的方式表达。所以，在用"任性"这个词来斥责孩子之前，我们不妨先反省一下自己……

嫉妒

"医生，怎样才能让他不嫉妒呢？"

家长和幼儿园的老师、心理医生一致认为，当家长考虑要二胎的时候，老大都会不可避免地患上严重的嫉妒，像生病一样。从怀上老二开始，家长们就想尽办法安抚老大的情绪：让他亲吻妈妈的肚子，平分玩具，减少对老二的关注，缩短与老二同睡和喂奶的时间……但这些都行不通！老大给老二的亲吻快要令老二窒息了，而且从老二会爬开始，老大就经常弄哭他。家长们会赶紧向心理医生求助：他们希望老大不要嫉妒老二！

∽ 我的建议 ∽

嫉妒并不是一种病，而是孩子在学着管理自己情绪的过程。当然，嫉妒不可避免，但这是有益的！没有任何一个家长可以做到一视同仁，因为亲兄弟姐妹所处的成长阶段不同。爸爸妈妈对两个孩子的爱是一样的，但具体到某一件事，可以这次向着老大，下一次向着老二，通过这种方式寻求平衡。

自卑

"我不想让他感到自卑……"

在英语中，人们把"自卑"叫作 Inferiority complex，而在法语中，只需要一个词 complexe，家长们就知道这是指"感觉低人一等、胆怯，缺乏自信"。尤其是孩子对容貌上的自卑，家长们尤为敏感。这就是为什么我们有这么多种"矫正器"：矫正脚型的、矫正牙齿的、矫正视力的……身高问题也是家长们和孩子们最担心的问题之一。沟通有障碍也可能引起自卑，然而对于这一点，矫正师也无能为力。后来出现了表演课，据说可以增强孩子自信……追求完美的家长还会在孩子很小的时候给他做耳朵整形术……

∽ 在其他地方是这样的 ∽

在所有的种族中，家长们都不遗余力地使自己的孩子符合社会导向，以增强他在这个群体中的归属感。从化妆到文身，甚至是一些整形手术，都是加在孩子，特别是女孩子身上的痛苦，这一切都是为了迎合大众审美标准。

∾ 我的建议 ∾

孩子纠结于某种个人缺陷，如果家长只是一味劝解他："不要自卑，这没什么！"这样的安慰是苍白无力的，没有任何意义。正确的态度是，应该请专业医生做科学的诊断，包括发育预期、耳朵的形状、乳房的不对称性等，再做进一步调整方案……比如，一个女孩因为招风耳而苦恼，你可以告诉她："给你的招风耳做个手术，以后就不会有人嘲笑你了。"这就是有针对性的具体意见。但对于胸、鼻子等随着身体发育的器官，应该等到孩子成年以后，让她自己做决定。

愤怒

"他和他爸爸一样，天生是个暴脾气！"

把孩子的性格归咎于遗传，要比从父母自身的行为上找原因容易得多……当家长们通过沟通、解释都无法让孩子冷静下来的时候，他们会感到十分失落。当他们领教孩子发怒的样子时，他们又会不知所措，开始质疑自己所有的育儿理论。当正面沟通不管用的时候，家长们有可能从一个极端走向到另一个极端——威胁与体罚。家长们这样，更多的是掩饰内心的慌乱与不安，而不是他们真的相信打骂更有用。

∾ 我的建议 ∾

要知道，在 2~5 岁这个年龄段，孩子的愤怒是不可避免的：他们的大脑表层区域（语言回路在这里发展）已经连接得很好，他可以理解你说的话。但在神经组织深处，控制情绪的边缘系统还没有发育成熟。

如果你能耐心地跟他进行沟通，坚定他的信念："不要担心，愤怒的情绪会过去的。"你就能帮助孩子把情绪稳定下来。如果你自己心烦意乱，连打带骂，以暴制暴，孩子就难以从易怒暴躁的性格中走出来，他会认为"因为妈妈说了，我就是天生的暴脾气的……"这种标签化的定义，会在孩子心灵深处扎根，并可能会因此束缚他一生，让他难以自拔。

讲道理的年纪

"他什么都懂，可我就是没法跟他讲道理！"

家长们希望四五岁的孩子做到"通情达理"，但事与愿违，这往往会使孩子不明白家长在说什么。祖父母们则认为孩子 7 岁时才能跟他讲道理。心理学家让·皮亚杰指出，孩子 7 岁以后才能"通过想象还原过去的场景"。

❧ 我的建议 ❧

设想一下，你 5 岁的孩子在从公园回家的路上一直哭，因为还没有和小伙伴玩够。在这个年纪，如果你跟他说："早上的时候，你明明已经答应了晚上会乖乖回家。"这样的话毫无意义！因为他对自己说过的话还没有概念！而且，我敢打赌，你说完之后，他会哭得更凶——因为他不明白你在说什么，反倒令他更加烦恼……

所以，还是等到孩子能听明白道理的时候，再跟他讲道理吧！在这之前，最好认同他的情绪，说："我明白你还没有和小伙伴玩够，但是不能再玩了！"之后，你可以告诉他，家里的玩具们在等着他回家……

夸奖孩子

"她的确很漂亮，但你不应该只赏识她的外貌。"

对于小婴儿，妈妈总是夸他："你太好看了！"但对于 4 岁以上的孩子，我们就不再夸赞他的容貌了。如果你对一个 3 岁的小姑娘说："你长得真漂亮！"她会骄傲地说："那当然。"如果你跟一个 8 岁的小姑娘说："你长得真漂亮。"她会有礼貌地说："谢谢。"这表明，她很清楚你只是在说客套话，而不是真的赏识她。在法国父母看来，你夸赞他们的孩子长得好看，他们并不领情。夸孩子聪明也不好，容易使孩子"自负"。我们喜欢对孩子说："宝贝，你还能做得更好。"

∽ 在其他地方是这样的 ∽

盎格鲁－撒克逊民族的小孩儿一定非常自信，因为经常有人夸他们怎么怎么好。鼓励原则是教育的基础，孩子充满自信，才能更好地成长。每天早上，孩子们梳妆一新，爸爸妈妈都会感叹："你好漂亮啊！"在孩子完成一项很简单的任务时，他们会说："太棒了！"即使他敲打出的几个钢琴音符震得人耳朵疼，他们也会跟他说："你弹得真好！""英国母亲会首先考虑孩子的感受，而法国母亲更加在意自己的感受……"心理学家卡罗琳娜·汤普森是这样分析英国母亲的。

∽ 我的建议 ∽

要欣赏孩子，但不要奉承。孩子是值得表扬的：他们那么小，就要探索周围的一切，要去理解各种密码，学习满足自己的需求，学习表达自己的想法，学习寻找答案……是的，孩子付出的每一点每一滴的努力都值得表扬。如果孩子在自己的亲生父母眼中都不漂亮、不高大或不强壮，还让他们去哪里寻找自信呢？让他们拿什么去面对生活中的种种考验呢？

不过，夸奖孩子也要适度。如果仅仅因为孩子单脚转了一圈，你就夸张地说

"喔！""啊！"孩子们会觉察到你夸张的口气，你的表扬就失去了意义。孩子很聪明，他们能从你的口气中判断你是不是真心在夸他。所以，不要刻意地表扬孩子，那样你的鼓励就会失去分量。

太棒了！

"不能让他自以为是！"

当孩子第一次站起来走路时，第一次摆脱小辅助轮把自行车蹬起来时，第一次不戴臂圈跳下水时，第一次在学校取得好成绩时，家长们都是十分骄傲的。他们会为孩子鼓掌，但很快他们就会提醒自己：不行，不能让孩子骄傲。就像老师的评语经常是"继续努力！"一样，家长们也总是鼓励孩子再接再厉，做得更好。

∾ 我的建议 ∾

孩子们喜欢在父母眼中树立一个好形象，同时他们并不会以此为目标。作为家长，不要吝于表达你的鼓励，也不要给孩子超出他们现阶段能力的挑战。这会让他们陷入深深的挫败感中，继而失去信心。孩子们学习新事物需要时间，任何成绩都不是一蹴而就的，耐心一点，坚持跟他们说："太棒了！"

幽默感

"他很有幽默感！"

爸爸妈妈们喜欢捉弄有幽默感的孩子。当在生活中失望沮丧的时候，一笑而过是很好的自我调解的方式。生活中，爸爸们总是很幽默，而妈妈们通常一本正经……夫妻双方对待生活的差异性，对孩子的成长是有益的。

❧ 我的建议 ❧

幽默是人类独有的特点，应该发扬光大。但要提防幽默的另一种特殊形式，那就是嘲讽。

嘲讽会让孩子感到窘迫，进而觉得好玩，最后变得傲慢无礼。这反而不利于孩子的成长……

熊孩子

"你不能什么都顺着他！"

熊孩子会在摆满甜点的橱窗前急得跺脚，会为了一件玩具满地打滚，不爱吃蔬菜只要薯条，不会放下游戏机去洗澡……总而言之，他们喜欢跟家长对着干，经常做那些家长明令禁止的事情。

孩子必须听大人的话，如果需要的话，可以把他结结实实地打一顿，好让他知道家长的厉害。这就是为什么在法国迟迟没有废除体罚，因为人们认为体罚可以使父亲有"拿破仑式"的权威。熊孩子普遍任性，让家长们头疼不已。而在家里最得宠的孩子就聪明得多，他们清楚地知道，对于合理的需求，父母们会满足自己，但并不是所有的事情都能够如愿以偿。

❧ 在其他地方是这样的 ❧

除了基本的待人接物，孩子还要学会"共情"，学会理解别人的感受。孩子[1]要知道，世界上不只有自己，还有别人。在美国，很少有孩子是熊孩子。

在中国，独生子女确实是一大教育难题。即使有祖父母的帮助，妈妈们每天还是得围着孩子转。中国的孩子在学校要拼学习，放学后要拼"特长"，钢琴或小提琴是标配，他们根本没有游戏的时间。"虎妈"蔡美儿认为，家长必须从小对孩子严加管教，哪怕让孩子成为衣来伸手饭来张口的"小皇帝"或"小公主"，也绝不能成为熊孩子！[1]

∾ 我的建议 ∾

不要太在意别人的评论和意见，只有父母最了解自家孩子的需求。随着生活节奏的加快，工作和家庭上的问题接踵而至，有时你也许会忽视孩子的某些需求。不要指望孩子会安静下来，因为他们对未知世界豪情万丈，他们的欲望永无止境。耐心和专注力需要慢慢培养，家长要和孩子一起阅读、画画或者涂色，每个法国家长的包里都有一本为孩子准备的书……

第 8 章

教孩子养成好习惯

"我们每天早晚都刷牙！"

"宝贝，该洗澡啦！"

"我的小宝贝会用便盆了！"

"医生，他什么时候能睡整夜觉？"

"医生，我知道您反对同床睡，但我们还是愿意和宝宝睡在一张床上……"

"嘘，宝宝午睡了！"

"我不想晚上宝宝跟我们睡一张床……但我们实在太累了！"

"孩子们，快去洗手，马上就开饭了。"

"这些脏话肯定是他在学校里跟坏孩子学的！"

"别玩了，没得商量！"

"电话是脐带的延续……"

"法国孩子是不会成天看电视的。"

"虽然他还不会整理，但我想让他参与进来。"

刷牙

"我们每天早晚都刷牙！"

有的宝宝喜欢吃着奶入睡，但医生们说这样容易患龋齿。虽然给牙齿涂氟能够预防龋齿，但有的家长担心氟有毒，于是，刷牙就成了理想选择。精益求精的法国家长们希望孩子能按照牙医示范的方式，每天早餐和晚餐后各刷一次牙。但孩子们生活节奏太快，早上起床后像打仗一样，急匆匆地忙这忙那，晚上回到家已是疲惫不堪，一到刷牙的时候就找借口。有的孩子不情愿地胡乱刷几下，根本不按家长的要求来。离异的家庭麻烦更多，大人总是埋怨对方没有督促孩子刷牙。那么，让孩子乖乖刷牙就成了一个严峻的问题……

∽ 我的建议 ∽

刷牙有两个作用：一方面可以清洗牙釉质，另一方面可以通过牙膏使牙齿表面浸上一层氟。经常有家长跟我说担心孩子会吞下一部分牙膏（大概是一半）。其实根据年龄的不同，牙膏中的含氟量也是不同的，儿童牙膏中只含有微量的氟，进入人体的氟还可以强健牙釉质。总之，吃完饭刷牙总比不刷要好！

洗澡

"宝贝，该洗澡啦！"

对新生儿来说，洗澡是人生中的第一件大事。充满仪式感的沐浴礼令人迫不及待，又不失庄严隆重，通常爸爸妈妈会同时在场。你瞧，小家伙的身体多么柔软！大人们轻手轻脚，确保每个动作都要轻柔：洗小鼻孔、小耳朵、褶皱处，还要小心翼翼地用洗发水洗囟门——就是头顶上最柔软的那一小块儿。当孩子长大一点，洗澡就会成为一种乐趣，他在澡盆里玩得水花四溅，这是一天中最快乐的时刻，再严厉的妈妈也阻止不了他这样玩耍。等到孩子有独立意识了，妈妈反而要为洗澡的事催促上好几遍："该洗澡啦！"沉浸在连续剧里的孩子当然会假装听不见。

如今，新一代的家长更加重视和孩子进行肌肤接触，将洗澡重新提上亲密育儿的日程。等到孩子长大一些，身体发生变化，我们就要尊重孩子的隐私了。对于法国的家长和孩子来说，洗澡是一天中最重要的时刻，在保持清洁的同时，更能增进亲子感情。对于孩子来说，洗澡就是为了玩水，所以，盆浴比淋浴更好。

❧ 在其他地方是这样的 ❧

在不同的育儿流派中，洗澡的方式截然不同。主张"亲密育儿"的流派认为，母亲和孩子通过肌肤的接触，可以促进亲子感情，而在我们的"远端"育儿方式中，则是宝宝光着身子，母亲穿着衣服给他洗澡。儿童心理医生伊莲娜·斯托克的研究表明，得益于亲密育儿法，印度的宝宝普遍比欧洲和美国的同龄宝宝长得更快，差距能达到三到五个月。

以印度妈妈给宝宝洗澡的方式为例："洗澡时，宝宝和妈妈的肌肤充分接触，妈妈坐在地上，让宝宝半躺在自己腿上，双手熟练地给宝宝搓洗……通过这种充满爱意的、亲密的身体接触，孩子们反而会更早地学会自己洗澡。"[1]

美国的儿科医生贝里·布雷泽尔顿跟我们的观点相近，他宽慰家长们不要太完美主义。他说，大人忙不过来的时候，婴儿每两天洗一次澡就可以了……[2]

❧ 我的建议 ❧

从宝宝出生开始，洗澡就成了一件大事。洗澡时除了注重技巧，更要注重情感的流露，满怀爱意地照顾宝宝。新手妈妈和育儿嫂经常会专注于洗澡本身，而对新生儿的哭声不予理会，不会因为宝宝大哭而停止洗澡，更不会用奶水安慰他们。也许大人可以酒足饭饱以后扎进冷水里洗个痛快，但宝宝可不一样，他们吃完奶以后，要慢慢地浸到温水里洗。

---

[1] 海伦·E. 斯托克. 印度儿童，儿童跨文化心理学研究和比较. 巴雅少儿出版社，1986 年.
[2] T. 贝里·布雷泽尔顿. 家中的三个婴儿. 袖珍书出版社，1993 年.

等到宝宝长大一些，过了一整天风尘仆仆的集体生活，回家洗个热水澡就可以充分放松身体。你可以试着搬一个小板凳坐在浴缸旁边，和孩子一起玩游戏，把洗澡当作一个重要的分享时刻，把手机留在客厅里，专心地跟孩子讲讲悄悄话。一旦孩子享受到其中的乐趣，下次洗澡的时候，你也许就不用催他了。

学习如厕

"我的小宝贝会用便盆了！"

孩子 3 岁以前都穿纸尿裤，家长们就不用再操心这个问题了。但矛盾的是，家长们很快要面临另一个棘手的问题——在集体生活中，必须学会如厕。所以，孩子在 3 岁上幼儿园前，他必须用一个夏天学会如厕。因此，就出现了这样的情况：要么不着急慢慢学，要么突然要求孩子学会。

❧ 在其他地方是这样的 ❧

"从前在中国，经常能看到穿着开裆裤的小孩在大街上大小便。"[1]开裆裤"是中国家长的伟大发明。有了开裆裤，孩子既不会在大小便时弄脏衣服，又能节约尿布。但有些家长认为这样不文明，另一些家长则抱怨宝宝 2 岁了还不会脱裤子大便（并且指责这是由于父母太纵容的缘故）。"[2]

在印度和非洲，"当孩子需要大便的时候，如果他还不会坐在尿盆上，妈妈或其他照顾他的人会从小训练他大便。他们会给孩子指定一个专属空间。他们会伸直腿坐下，让孩子靠在脚上，这个姿势可以让孩子大便，而且不弄脏衣服。'用树叶捡起孩子的排泄物，然后扔到远处，再用水冲洗地面。'"[3]

---

[1] 见开裆裤的失败．沟通消除的危害．pamelainasia.wordpress.com，2013 年 5 月 21 日．
[2] 见纸尿裤的终结．www.slate.fr，2013 年 10 月 1 日．
[3] 海伦·E·斯托克．印度儿童．非洲社会教育．非洲教育研究手册，第 1 号，哈麦丹出版社（Harmattan），2002 年．

∞ 我的建议 ∞

幼儿园一定会要求孩子入园就会如厕。即使他不会，通过跟在其他小朋友后面模仿，很快就学会了。所以，不要强迫他必须在入园前学习如厕，要对他有信心。孩子不是抵制如厕这件事，他们是不喜欢厕所里潮湿、温热、肮脏的环境。有的孩子就算憋出便秘，也不愿意上厕所，有时憋不住就拉在裤子里了。尽管家长们也想尊重孩子的成长节奏，但来自社会和学校的压力会认为他们是失败的家长。有的家长迫于压力，会采取粗暴的方式训练孩子做如厕练习；也有的家长束手无策，更愿意向医生寻求帮助。

睡整夜觉

"医生，他什么时候能睡整夜觉？"

这是产妇出院时问的第一个问题。

出院时，有些天使宝宝已经能够睡整夜觉了。"当我的邻居问我 2 个月大的婴儿能不能睡整宿觉的时候，好像这是理所应当的，我简直不能理解。"

随着孩子的长大，睡眠仍然是让很多家长头疼的问题。晚上，他们希望孩子早点睡，不能哭也不能闹，安安静静地在自己的房间里睡觉。午休的时候，他们还要在门外挂一个小牌，上面写着"嘘！宝宝睡觉了！"。但并不是所有孩子都依照这样的模式睡觉。当孩子出现入睡困难和夜醒等问题时，爸爸妈妈就会咨询医生。通常，他们会得到帮助，更好地了解孩子的需求。

∞ 在其他地方是这样的 ∞

孩子们睡觉时，并不需要一个安静的环境。"在亚马逊，婴儿就像寄生在妈妈身上一样，一刻也不分开。直到 4 岁完全断奶以后，孩子们才和母亲分开睡，有自己的吊床。在非洲，无论是说话声、笑声、捣锤声或背带上装饰物的撞击声，只要孩子困了，这些都不会妨碍他安然入睡……非洲的孩子在日常的噪音中、歌声中依旧可以睡觉，轻轻晃几下或拍打后背，他们很快就能睡着。这与西方孩子安静、温和的睡眠条件大相径庭。"[1]

∽ 我的建议 ∾

在大洋洲和非洲的一些国家以及日本，年幼的宝宝都是和妈妈睡，形影不离，然而他们长大以后并没有表现出过度依赖，恰恰相反，他们很独立。我觉得，来自这些地方的孩子更加乐观、自信、淡定。而那些从小被要求自己睡，不睡就让他们一直哭的孩子（上一代人经常用这种方式），长大之后很多人不幸患上了失眠症，每天靠安眠药入睡。当然，也有一些特殊的情况，在紧张的家庭关系中，母亲和孩子在心理医生的帮助才能够学会分开。

小婴儿时期，我建议用"合床"的方式，即把婴儿床和大人的床拼在一起。等到孩子长大一点，为了让大人有自己的空间，最理想的方式是在孩子的房间里加一张床，当孩子哭的时候，爸爸或妈妈能够立马去陪他。孩子总有一天会长大，总有一天他会更喜欢有个独立的房间，不再希望父母来打扰。到了青春期的时候，他甚至会在自己的房门上加一把锁！

同床睡的利弊

"医生，我知道您反对同床睡，

但我们还是愿意和宝宝睡在一张床上……"

在法国，"有教养"的小孩子很小就与父母分床睡。只有在早餐前，或周末早上，他们才会撒娇地爬到父母的床上。法国人认为，即使是小婴儿，也应该拥有自己的房间。教育家和心理学家都不赞成孩子和父母同床睡。如果夫妻分居，那么和孩子同床睡的一方会

---

[1] 贝阿特丝丽·枫丹奈尔，克莱尔·阿尔古. 世界各地的婴儿.

因此受到指责。但实际上，年轻的法国父母正试图在所谓的"好习惯"和自己的感受之间寻找平衡。他们在公共场合闭口不谈，但关上门会忍不住违反分床睡的原则。当父母到诊室里向我咨询的时候，大部分人会承认自己和孩子睡在一张床上，以便在孩子哭闹的时候可以做出及时回应……但是他们也很纠结，担心会压到孩子，或让孩子养成坏习惯。

～ 在其他地方是这样的 ～

从前，法国人在农场生活时，每家只有一个房间里有炉火取暖。到了晚上，全家人包括孩子、大人和牲口都睡在这间屋子里。

在美国，我们跟踪调查发现：6 个月大的孩子中，66% 的婴儿每周有 1 天晚上会醒，另外 33% 的婴儿几乎每天晚上都要夜醒；15 个月的孩子中，大部分孩子每周有 2 天晚上会醒；满 24 个月的孩子中，每周只有 1 天晚上会醒来。有些美国家长放任孩子在夜里哭个够……虽然有些专家不建议同床睡，认为同床睡容易造成婴儿猝死，但大部分法国父母还是愿意和孩子同床睡。

～ 我的建议 ～

我曾连续几十年，跟踪调查过数以千计的孩子，他们有的从小被爸爸妈妈带着来找我看病，后来他们先后也成了爸爸妈妈。我发现，跟父母同床睡的孩子，吃完母乳或奶粉后，都能很快入睡，睡眠质量更高。

为了避免宝宝窒息，建议家长要做好睡前准备：不要给宝宝盖太多的被子，不要用太软的枕头，睡前不要吃安眠药，不要让孩子跟过于肥胖和有酗酒习惯的人一起睡……其实，最理想的选择是合床睡，宝宝吃饱睡着以后，家长可以把他轻轻地放在他的小床上。这样，孩子既可以睡在父母旁边，又有安全保障。

午睡

"嘘，宝宝午睡了！"

法国父母认为，婴儿白天睡觉的时候需要一个相对安静的环境。他们经常会在宝宝睡觉的房间外面挂一个小牌。但在托儿所里，考虑到孩子的安全，禁止让孩子在无人监护的房间里独自睡觉。家长们也逐渐明白，孩子们并不那么排斥"生活噪音"。在大人的陪伴下，他们反而睡得更香。

⚬ 在其他地方是这样的 ⚬

去亚洲和非洲的集市上走上一圈，你就会发现，只要妈妈在身边，无论环境多么嘈杂，无论光线多么刺眼，孩子们都能安然入睡。在传统观念里，世界上任何地区都不允许把孩子一个人扔在阴暗、寂静的环境中睡觉。

⚬ 我的建议 ⚬

孩子不是不喜欢午睡，而是不喜欢孤独。我们轻轻推开房门就会发现，小宝宝叼着奶嘴一动不动地坐在那儿，似乎在等什么人，这是多么令人伤心的一幕呀！所以，孩子午睡的时候，不要关上房门。另外，提醒保姆也不要关门，即使保姆想看电视放松一下。

夜醒

"我不想晚上宝宝跟我们睡一张床……
但我们实在太累了！"

"有教养"的孩子从小在自己的房间里睡觉。如果他晚上醒了，想和爸爸妈妈一起睡，爸爸或妈妈会坚持把他送回房间，试着搞清楚他醒来的原因，然后告诉他必须一个人睡。

然而，有的孩子无论家长怎么解释，都不愿意一个人睡。从前，爸爸妈妈会给他洗凉水澡或用一种很危险的姿势摇晃他，以示惩戒。还好，现在已经没人用这种"冷血"的方式教育孩子了。

但仍然有热心的七大姑八大姨给家长出这种"馊主意"，他们认为孩子哭着哭着，就会"明白道理"。

殊不知，这会让家长们很为难，又想理解宽容孩子，又想给他立规矩。

∾ 我的建议 ∾

晚上睡觉的时候，不要把孩子一个人扔在房间里，也不要和爸爸妈妈同睡。我能想到的最理想的解决办法是：大人和孩子同房不同床。这样，既能让大人睡个好觉，又在孩子夜醒的时候，及时得到大人的安抚。

开饭了！

"孩子们，快去洗手，马上就开饭了。"

在法国家庭的日常生活中，这句带有仪式感的话不断被重复。因为对于法国父母来说，全家人坐在一起吃饭是一天中最重要的时刻，更是孩子们学习礼仪的好机会。美味的法式大餐需要趁热享用。一般来说，大人们只需要喊一声："开饭了——"，"有教养的"法国孩子会立刻坐到餐桌边，吃完饭，在得到父母的允许后才起身离开。

随着妈妈重返职场，有的孩子不得不在学校吃饭，法国传统的生活模式有所改变。然而，每天的晚餐和周末，一家人还是会一起吃饭，而且要严格遵守餐桌礼仪：刀叉放在盘子两侧，刀在右边，叉在左边；如果有餐巾环，饭后要用餐巾环套好餐巾；餐垫、各种匙、酒水和面包各有讲究，这就是代代相传的"法式"餐桌礼仪。

开饭前，精明能干的法国妈妈通常会问："谁来摆桌子？"孩子们会争先恐后地帮助妈妈摆桌子，这样既可以减轻妈妈的负担，又能让孩子有家庭参与感和归属感。摆桌子和收拾桌子并非小女孩的"专利"，法国男孩从小就有做家务的好习惯。法国妈妈们喜欢"开饭了！"这一口令，它像军号一样，能让孩子们立刻停下手里的游戏，眼睛从电子屏幕上移开。

法国的发展日新月异，法国人对美食和餐桌礼仪的追求却未曾改变，法国社会一直保持着这一传统。

∾ 在其他地方是这样的 ∾

法国非常重视家庭聚餐和孩子的餐桌礼仪，这让很多国家都望尘莫及。美国有一本畅销书叫《法国孩子不乱扔食物》。[1]书中介绍，美国孩子用餐比较随意，想什么时候吃就什么时候吃，常常一边吃一边盯着电子屏幕，不是玩手机就是看电视。美国快餐连锁巨头麦当劳正是瞄准了青少年这个消费群体，套餐中既不配刀也不配叉，干脆让他们直接用手抓着吃，而且还赠送一些看起来很有趣的小玩具。从某种意义上说，麦当劳贩卖的就是一种轻松惬意的美国餐饮文化。

在亚洲有些地区，吃饭时小孩子不能上桌，大人们则围坐在一张矮桌子周围，用筷子吃饭。长辈们会追着孩子喂饭，一遍又一遍地催促他们多吃点，直到他们七八岁时才能上桌吃饭。

在美拉尼西亚，人们喜欢席地而坐，吃一种叫 Bougna 的当地美食。Bougna 的做法是把甘薯和鸡肉等裹进芭蕉叶，放在炭火上烤熟。

在犹太教传统中，每个周五晚上要举行全家人的安息日聚餐，通过这种方式，孩子可以更好地融入家庭。

按时吃饭是法国人的创举，除了三顿正餐，大人允许孩子每天吃一次零食，并教导他们不挑食不偏食——这些都是好规矩。凯伦·勒比伦是一位毕业于牛津大学的加拿大母亲，她说："法国孩子每天只吃四次东西！这简直难以置信！我们刚来法国的时候，我的两个

---

① 帕梅拉·德鲁克曼. 法国孩子不乱扔食物. 黑天鹅出版社，2013 年.

女儿一个 2 岁一个 4 岁，我当时无法理解让孩子饿到饭点再吃饭的做法。在美国和大多数盎格鲁－撒克逊国家，怎么能让孩子饿着？我们随时给孩子吃零食——我们管这叫点心时间。我们总担心孩子吃不饱，除了正餐，至少要喂 3~4 次零食。在美国，这很正常。即使孩子长大一点，也没有真正意义上的家庭聚餐——家人其乐融融地坐在一起吃饭。每个家庭成员都是想什么时候吃，就什么时候吃。"[1]

∽ 我的建议 ∾

全家人坐在一起吃饭，是很好的交流机会，可以培养孩子养成良好的用餐习惯，也可以增进亲子关系。现在生活节奏越来越快，晚饭吃得越来越晚，虽然家长们白天要工作，不得不和孩子分开，但法国仍旧保留着家庭聚餐的传统。然而，叫孩子吃饭的时候，妈妈们最好不要喋喋不休地说个没完，一遍又一遍地重复"开饭了！""开饭了！"……孩子只会把那些唠叨当成耳旁风。

对于不同年龄的孩子，要区别对待：幼儿（4 岁以下），用餐时间控制在 20 分钟之内；对于稍微大一点的孩子，也不要超过 45 分钟；对于青少年，只有当大家谈论的话题与他有关的时候，他才能坐得住并且按规矩就餐，不然，也不要强迫他从头到尾跟大人一样规规矩矩用餐。所以，不要带 5 岁以下的孩子去法式餐厅，在那里得花时间点餐、一道一道用餐，还要等咖啡！有些餐厅也会用英语特别提示适合宝宝用餐或适合家庭聚餐，他们会在用餐过程中提供特殊服务，包括提供儿童餐椅、涂色本或者平板电脑，以使小朋友的就餐体验更加愉悦。即便如此，带孩子外出吃饭也是一件劳神费力的事。

① 好胃口！凯伦•勒比永．法国孩子不挑食（哈珀•柯林斯／麦罗出版社（Harpercollins/merrow）．2012 年）．　www.franceagroalimentaire.com，　2013 年 3 月 15 日．

屁屁——法国小孩的"脏话"

"这些脏话肯定是他在学校里跟坏孩子学的！"

每个法国小孩都喜欢说"屁屁"，即使他从小受到"贵族式"教育，即使家里从来没人说过这种污言秽语。几乎所有的父母都曾为孩子的"口无遮拦"感到难堪，进而想当然地将原因归咎于学校里那些"缺乏教养"的"坏孩子"身上，认为他们把自己的孩子带坏了。

其实，每个孩子在学习上厕所时，都会对"屁屁"产生好奇。他们好不容易学会了大小便自理，为什么不能口头讨论一下？

∽ 在其他地方是这样的 ∽

"屁屁"这个词在不同的语言中有不同的说法，但其背后的意义是共通的：在世界的另一头——遥远的大洋洲，我的女儿从她的小伙伴嘴里学会了这个词，她像全世界所有 3 岁小孩儿一样喜欢说这个词，乐此不疲……

∽ 我的建议 ∽

和朋友见面时，如果孩子不说"您好"，而是兴奋地大喊大叫"臭屁屁！"别担心，没人会质疑你的教育方式，不要觉得没面子而惩罚孩子，更不要嘲笑他。此时，你首先该做的是，微笑着对朋友解释："最近在训练他大小便……"这意味着孩子正在经历"屎尿屁"敏感期。在孩子面前一定要表现得很淡定，你可以告诉他："宝贝，这个话题你可以留着跟好朋友分享。我们觉得它一点也不好笑。"

几乎每个家长都听过这句话。家长反应越大，孩子说得越起劲儿。不如淡然处之，孩子觉得没意思，自然就不说了。

游戏机、Ipad 等电子产品

"别玩了，没得商量！"

出于礼貌，家长们要求孩子在进入诊室后要把手里的玩具放下。他们的态度很坚决："没得商量！"家长给孩子买游戏机玩的初衷，就是为了让孩子能安静一会儿。不过，也有不少家长担心孩子玩游戏上瘾，失去对与人交流和写作业的兴趣，甚至玩游戏玩得废寝忘食。一旦孩子过于沉迷游戏机，家长就会非常警惕，有时甚至会发火。在家长严防死守的教育下，可以避免孩子小小年纪玩游戏上瘾。

❧ **在其他地方是这样的** ❧

2009 年，美国展开了一项关于"2~5 岁的小孩每周看 25 个小时电视，打 7 小时游戏，或看 DVD 和 VOD[①]"的调查研究，共收集到 2300 名 8 岁以下孩子的家长意见。调查显示，78% 的家长不担心孩子长时间沉迷于某种电子产品，60% 的父母并不担心孩子对电子产品上瘾。"现如今，家长本身也是在科技占据主导地位的环境中长大的。他们和上一辈人的看法不同。"本研究的主要作者，美国西北大学媒体与人类发展研究所所长艾伦·瓦尔特拉认为，"社交媒体和技术已经成为了一种生活习惯，不会在孩子和父母之间产生分歧。[②]"

❧ **我的建议** ❧

家长可以通过定时器定时控制孩子玩游戏的时间。我建议等孩子 8 岁以后，能够独立阅读了再让他玩游戏机。每次约定好只能玩 20 分钟，即使孩子可怜巴巴地说："我还没玩够！"也不能做丝毫让步。久而久之，到了约定时间孩子自会放下游戏机，去做其他的事情。10 岁以后，时间可以延长 10 分钟；上中学以后，可以延长至 45 分钟。当然了，如果孩子和其他小朋友一起组队玩，可以酌情调整时间。但家长还是要有所警惕。

---

① "记录：沉迷于电视的美国人。" télé-loisirs.fr，2009 年 11 月 12 日.
② "大多数父母不担心孩子盯着屏幕的时间。" www.usatoday.com，2013 年 6 月 4 日.

电话

"电话是脐带的延续……"

当保姆或者祖父母带着孩子看医生的时候，父母可以通过电话了解情况，这是多么大的进步啊！在父母离婚，母亲一人带孩子时，如果需要，医生或老师可以给父亲打电话，就某事征得他的同意，这是多么方便啊！

电话拉近了家人之间的距离，是孩子最先记住的一串数字。从上中学开始，家长们就会给孩子配一部手机，这样就可以随时联络上他：12 岁以上的孩子，70% 都有自己的手机。从前，孩子进入青春期后，家长们会庄重地送他一块手表做纪念，现在变成送手机了！而且，手机的功能越来越多了，有一些应用还可以帮助家长定位孩子的位置……

∽ 在其他地方是这样的 ∽

从前，青少年们在村里的广场上集合，卖面包的、卖报纸的都会看到他……在海外，人们通过听"椰子树电台（Radio cocotier）"知道年轻人都去哪儿了……

∽ 我的建议 ∽

孩子们需要有自己的社交圈，需要信息交流。但家长要给孩子立好规矩，规定每天打几个电话、打多久、发多少短信，教他们发信息要慎重，发照片也要小心，有些照片发出去了就再也删不掉了……在允许他们用手机前，家长就要定好规矩，因为一旦习惯养成就很难改了。

电视

"法国孩子是不会成天看电视的。"

法国家长竭尽所能让孩子远离电视，他们认为电视会让人变得懒惰而愚蠢。现在在法国，虽然孩子们看电视的时间有所增加，但与美国孩子相比，法国孩子看电视的时间少得多。为了控制孩子看电视，有一些法国家庭甚至不装电视机。法国人认为一边吃东西一边看电视是懒惰的，是个坏习惯。在很多家庭中，吃晚饭的时候从不看电视，除了周六晚上，一家人有可能会一起看一档十分火暴的电视歌手选秀节目。

✎ 在其他地方是这样的 ✎

在美国，孩子窝在客厅沙发里，一边吃薯片一边看电视，人们给他们起了一个有趣的名字叫"沙发土豆"。这很容易引发肥胖……欧洲数据电视全球公司的调查显示，法国孩子平均每天看 2 小时电视，而在美国，2~5 岁的孩子平均每周看 25 个小时的电视，其中一半的时间都浪费在看广告上了，这简直难以置信![1]医生们指出：长时间看电视的后果严重，经常看电视的孩子普遍精神消极，备受肥胖的困扰。喜欢看电视的孩子应该多花些时间在体育运动和教育性的活动上。

✎ 我的建议 ✎

我认为，最糟糕的情况是家里一直开着电视，把电视作为生活的背景音，孩子的注意力一会儿在电视上，一会儿在游戏上。家长们可以想到这样做的后果：孩子们无法集中注意力，到了青少年阶段容易导致睡眠困难，成年以后更是无法离开电视。然而，如今孩子们大部分时间都关在房子里，适合孩子的户外活动空间少之又少，如果家长能和孩子一起观看电视、电脑等，这其实也可以成为一种很好的教育和交流手段。

---

[1] 记录：沉迷于电视的美国人. télé-loisirs.fr.

整理房间

"虽然他还不会整理，但我想让他参与进来。"

法国的小孩子从 2 岁开始就要学习整理房间了。在托儿所里，玩具都是按类别整理好的，每次玩完一个游戏，老师们都会示范如何整理，小朋友们也就明白了每件玩具应该放在哪里。

同样，我们会在儿童玩具馆教孩子如何把借来的玩具整理好放在箱子里，哪怕是很小的一件玩具也不例外。在这里，玩具像图书馆里的图书一样摆放整齐。

从孩子会爬开始，家长们就告诉他们："我们把小动物玩偶放在这儿，把陀螺放在那儿……"在学习整理这件事上，整理箱功不可没。

∽ 我的建议 ∽

整理玩具有助于培养孩子的逻辑思维能力。根据种类、功能分类，保管好每一个小部件，这就相当于在教孩子集合的理论，对他日后的数学学习将有很大帮助……反之，仅是一堆乱七八糟堆在墙角的玩具，没有任何现实意义。

如果孩子的房间乱哄哄的，大吼大叫是无济于事的，整理房间的好习惯要从小培养。哪怕孩子在青春期的时候喜欢处处与大人作对，一旦习惯养成了，等他成人之后还是会按照小时候的习惯整理房间。

家庭教育是一项长期投入的大工程，需要父母持续有效地践行。

第 *9* 章

培养好行为，从小时候做起

"不文明行为不分轻重。"

"孩子，等等，别急。"

"总催促孩子的妈妈不受欢迎。"

"我经常发火，其实我也不想这样！"

"教养是培养出来的。"

"把你的背挺直！"

"哎哟，被宝宝咬了一口。"

"我受不了我的宝贝哭……"

"你只能和你的小伙伴这么说！"

"把你的手放到桌子上！"

"他什么时候能自己玩？"

"跳不跳随你！"

"医生，怎么教他分享呢？"

"不要让我重复！"

不文明行为

"不文明行为不分轻重。"

年轻人的一些违法行为常被说成是不文明行为。不文明行为这种说法将不礼貌与严重的违法、违规混为一谈了。

∾ 我的建议 ∾

如果在孩子周围发生违法、违规行为，无论轻重，都不要低估。要时常跟孩子说明团体生活中的规则、规定，并告诉他们这些规定的重要性。

等一下！

"孩子，等等，别急。"

这是法式育儿最极致的地方之一，"有教养"的法国小男孩从小就要学会等待：大人聊天时，不能无礼打断；吃东西时，要等姐姐先吃完；买点心时，要耐心排队……

"等一下！"是法国父母经常跟孩子说的话。美国作家帕梅拉·德鲁克曼对此十分欣赏，"对于一个美国母亲来说，法式育儿体系的成功之处就在这句话中。"[1]

事实上，法国家长之所以经常这样命令孩子，是因为法国孩子当然也是孩子，是对生活迫不及待的小家伙！

∾ 在其他地方是这样的 ∾

美国人帕梅拉·德鲁克曼在她的书中提到，"在盎格鲁－萨克逊国家，人们崇尚孩

---

[1] "阿加医生：法国教育课。" www.elle.fr, 2013 年 1 月 10 日.

子至上，没有哪个小孩子受得了等待，一分钟也不行！他们要'马上'吃糖，要'马上'看《小熊维尼》的动画片，要妈妈'马上'过来陪他们，即使妈妈正在和老板通电话也不行。" ①

《ELLE》杂志的一位记者表示不敢苟同，认为作者的描述过于理想化，"75% 的法国女性需要兼顾工作和家庭，考虑到她们紧张的生活节奏，她们最经常说的话应该是'快点儿，快点儿！'，才不是'等一下！'，但帕梅拉·德鲁克曼的结论还是让人很高兴"②。

∽ 我的建议 ∾

当妈妈或者其他监护人忙得无暇分身时，如果孩子能够表示理解，并且能默默等待他们忙完手头的事，这听上去确实非常美好。

但前提是，大人能够做到高质量的"深度陪伴"，而且事先跟孩子们说好，自己有事情要忙了。

在照顾孩子的时候，如何判断陪伴是否做到"高质量"？好好回想一下自己曾经说过的话。细思恐极，如果你发现自己每 5 分钟就要说一句"等一下！"那么，你的时间安排本身就有问题。孩子势必会对你的话置若罔闻，并且不断提出一些近乎"无理取闹"的要求。人与人之间的尊重是双向的，家长和孩子相处也一样。

快点，快点！

"总催促孩子的妈妈不受欢迎。"

这是法国母亲最擅长的催促魔咒。她们既是妈妈、妻子，还是职场女性，她们总是特别忙……

从早上起床开始，妈妈们就开始念动"咒语"了：

---

① "阿加医生：法国教育课。" www.elle.fr, 2013 年 1 月 10 日.
② 同注释①。

"快点吃早饭！"

"快点刷牙！"

"快点穿衣服！"

"快点去幼儿园（学校）！"

"快点写作业！"

"快点洗澡！"

"快点上床睡觉！"

……

"快点，快点！"

∞ 我的建议 ∞

在紧张高效的生活节奏中长大的孩子，确实相对机灵敏捷一些。但请注意，不要让父母的催促束缚孩子的行动力。不要唠叨个不停，"快点，快点！"孩子听多了就会产生免疫力，对此充耳不闻。孩子也有可能变得极端被动，妈妈不得不重复："快点，快点！"为了让催促魔咒快点发挥作用，妈妈常常越俎代庖，在孩子行动之前，她已经把一切都安排好了。法国妈妈真的非常"能干"。

发火

"我经常发火，其实我也不想这样！"

法国的母亲们精疲力竭，她们要面临很多挑战：工作、保持美丽、夫妻关系，还有教育孩子！有时，这会耗尽她们的耐心。在孩子看来："是呀！你发起火来像打雷一样！"当孩子上了一天学回到家时，他们非常兴奋，如果家里还有兄弟姐妹，他们还会通过打闹来吸引父母的注意，这时，确实需要让他们安静下来。

∾ **我的建议** ∾

对孩子长篇大论或大发雷霆是没有用的。当你和孩子们在一起的时候，尽量全身心陪伴他们，给他们找些事情做，在他们做傻事之前就及时采取措施，你会发现你发火少了，而且你说的话更有用了！

餐桌礼仪

"教养是培养出来的。"

"有教养"的孩子在吃饭的时候一定要守规矩。从孩子会坐着开始，家长们就开始教他们吃饭的规矩了。

● 吃饭时，两只小手必须放在桌子上，能让大家看到，拿勺子的时候胳膊肘要抬起来，后背要挺直，保持良好坐姿。

● 以前，吃饭的时候，孩子是不允许说话的，现在已经没有这样苛刻的要求了，但是他说话之前一定要把嘴里的东西咽下去。

● 最好不要剩饭，妈妈在盛饭的时候会注意不给孩子盛太多。

● 孩子小的时候，要多尝试新的食物，不能还没尝就说不喜欢吃。

● 孩子们在离席之前必须得到家长的允许。

其他家庭成员通过孩子的以上表现判断父母是否教育得好。

∾ **在其他地方是这样的** ∾

很少有国家像法国一样，从小就培养孩子的餐桌礼仪。在美拉尼西亚，大人们围坐在席子上吃烤鸡和红薯，孩子们就在旁边玩耍，想吃的时候就过来吃一块肉或红薯，然后再跑出去玩。年幼的孩子，3 岁的时候还习惯一边吃着母乳一边睡觉。在越南也是一样，碗里的食物都是切好的，孩子们一边玩一边吃。

在美国，大人给孩子吃的饭看起来造型很有趣，吃着方便，味道好。最典型的是麦当劳和肯德基，食物都是直接用手拿着吃的，酱汁都很甜，套餐还配有一个玩具……美国人更注重激发孩子对食物的兴趣，而不太考虑营养搭配。

∾ 我的建议 ∾

一定要让法国孩子继续遵守餐桌礼仪。如果吃饭的时间过长，那饭桌将会变成冲突的中心（参考时长为：6 岁以前半小时，6 岁以后 45 分钟）。

如果孩子能坐得高一点，他会更容易遵守用餐的礼仪（遗憾的是现在家里面都没有厚厚的百科全书了，如果有的话就可以让孩子坐在上面了）。

大人们说话的内容要尽量照顾孩子的兴趣，这样他们就不会无聊了。

要注意食物在桌子上的摆放位置，孩子们之间不要因此产生口角。

父母们不要以用餐礼仪为借口一直批评孩子（参看"别人家的孩子"）。

背要挺直

"把你的背挺直！"

家长们总是不停地说这句话，以纠正孩子的姿势：在他坐在小书桌前看书的时候，在他吃饭的时候，在他跟别人自我介绍的时候……抬头、挺胸、微笑、看着对方的眼睛，这才是孩子正确的仪态。如今，家长们不再在孩子肩膀上放一根木棍来让他挺直，但会不停地提醒孩子挺直腰背……

∾ 在其他地方是这样的 ∾

这是家长们一直担心的事情。在古代，人们认为"如果孩子过早地学坐，并且坐的时间过长，那他就会驼背……①"

∽ **我的建议** ∽

孩子脊柱两侧的肌肉得到很好的锻炼，他的背才能挺直。可以引导孩子做些适当的运动（女孩可以跳舞），如果需要的话可以用运动疗法。这样，不用刻意督促，孩子的背自然就直了。

咬人

"哎哟，被宝宝咬了一口。"

家长们都不愿意承认自己的孩子被咬，或咬了幼儿园、公园里的小伙伴。家长们清楚地知道，对于孩子咬人这件事，不能以暴制暴。当幼儿园老师反映孩子咬人时，家长们会不知所措，不过他们会非常认真地听取幼儿园心理医生的建议。

∽ **我的建议** ∽

最近 10 年来，我经常能听到小孩咬人的事。与此同时，有的家长们喜欢用力亲吻孩子，恨不得把孩子一口吞下去。殊不知，这些不经意的吻，很容易误导孩子，让他们把嘴巴当成"交流工具"。家长在和孩子玩耍的时候，与其用亲昵的动作表达爱意，不如引导孩子去探索外面的世界，满足他们的好奇心。晚上爸爸回家以后，和孩子一起搭积木要比在地上打滚摔跤好得多！

---

① 菲利普·沙利耶. 古罗马母亲和儿童. 布尔自然历史博物馆展览目录，2003 年.

哭

"我受不了我的宝贝哭……"

如今，只要婴儿一哭，家长们就会努力回应他们。虽然祖父母们会说："哭一哭可以锻炼肺活量呢！"但家长们并不认同这样的说法，仍然会想方设法哄宝宝高兴。两代人在教育下一代的问题上分歧很大，祖父母们认为"孩子自然就好了，让他哭吧"，而年轻的爸爸妈妈受心理学家的影响比较多，他们认为宝宝哭是有原因的，他们会先找到宝宝哭的原因，并给予相应的回应。如果我们不尊重妈妈的感受，这种代际之间文化的差异也许会让年轻的妈妈很郁闷。根据著名的儿科医生、精神分析师唐纳德·W. 温尼科特的说法："妈妈最了解自己的孩子。"

❧ 在其他地方是这样的 ❧

"宝宝一哭就要哄……全世界的爸爸妈妈都极尽耐心，他们不想看到宝宝哭，宝宝们的哭声可能会引来魔鬼。"[1]能不能让孩子一次哭个够？摄影记者本杰明·比尼在多哥遇到的每一个妈妈都告诉他：不可以！她们会用乳汁安抚宝宝。在我的记忆中，我看见过一个越南妈妈抱着宝宝喂奶，她在头顶上稳稳地顶着一个扁担，左右各有一个篮子。这是多么灵巧啊！

❧ 我的建议 ❧

不要以教育宝宝为由而让他哭个不停。爸爸妈妈是普普通通的人，不是无所不能的机器人，不能满足孩子的所有需求，孩子们一定有失望沮丧的时候。哭泣，是他们宣泄情绪的一种方式。我们允许孩子哭，同时要及时做好安抚工作，不要任由他陷在悲伤中。孩子渴望从父母身上获得支持，父母的态度影响着他对世界的看法。

---

① 贝阿特丝丽·枫丹奈尔，克莱尔·阿尔古. 世界各地的婴儿.

脏话

"你只能和你的小伙伴这么说！"

小孩子偶尔说一些粗俗的话，也许只是出于好奇，觉得这样的话很好玩。家长们都明白这个道理。然而，当孩子们在大庭广众之下冒出一句脏话时，家长们还是会觉得难堪……在"好孩子"身上，脏话是被绝对禁止的，说脏话的孩子不是"好孩子"。

小孩子说脏话时，大人们会对他说："这种粗话，留着和你的小伙伴说着玩吧。但我对这一点也不感兴趣。"

孩子进入青春期后，家长们的容忍度会放宽一些。到了这个年纪，要想重新塑造"好孩子"，实在是难上加难。

∽ 我的建议 ∽

从孩子出生开始，你就要注意自己的一言一行了！小孩子模仿能力很强，听到什么就会模仿什么。如果家长说话粗俗，孩子从小耳濡目染，到了青春期就难以纠正了……

手

"把你的手放到桌子上！"

法国家长很纠结孩子的手是不是放在了"不该放的地方"。我们会给新生儿戴上纯棉绣花的小手套，避免他们抓伤自己。长大一点，我们就时刻提醒孩子要把手放在桌子上。我曾观察过一些孩子的画，他们笔下的人物有个共同点：都没有手。我想，他们可能曾经用手碰了什么不该碰的东西，被大人训斥过，留下了心理阴影。

∾ 我的建议 ∾

家长应该鼓励宝宝触摸身边的一切，这是他探索世界的第一步。如果他不小心抓到自己而大哭，那就给他吃点奶或抱抱他，而不是用手套束缚他的双手。等孩子长大一点，要想让他乖乖地把手放在餐桌上，可以效仿祖父母们的做法，在孩子的屁股下面垫几本厚厚的字典。这样一来，他们就和大人坐得一样高了，方便在吃饭时一起交流，不会再因为无聊而偷偷在桌子下面玩手指头。

玩具

"他什么时候能自己玩？"

孩子的玩具不一定要"寓教于乐"，选择玩具时最好选木头材质的，材料来自汝拉森林，有两个认证的标志：CE（表示符合欧盟标准），NF（表示符合法国的标准），更加严格。如果孩子们想要芭比娃娃或口袋妖怪卡片，要适可而止……

孩子 1 岁以后，法国的妈妈就会想"他什么时候会自己玩？"孩子有一箱箱整理好的玩具、爬爬垫，还有可以玩耍的小天地，妈妈们不理解为什么孩子还要找家长陪他们玩？她们希望给孩子摆好赛车道之后，他就会自己拿着小汽车在上面滑，好让妈妈们喘口气。

∾ 在其他地方是这样的 ∾

帕梅拉·德鲁克曼非常欣赏法国妈妈鼓励孩子自己玩。[1]她指出美国妈妈恰恰相反，她们认为应该时刻鼓励孩子，永远不能让孩子独处，妈妈会牵着孩子的手练习滑雪或在沙滩池里玩。因为美国妈妈想随时随地陪在孩子身边，鼓励他。

---

[1] 最好的母亲，就是我们. 帕梅拉·德鲁克曼访谈.

∾ 我的建议 ∾

要先和宝宝玩，让他去模仿，知道怎样自己玩，然后把爸爸妈妈讲过的故事用在游戏中。让孩子自己玩和陪伴孩子这两种方式是互补的，可以轮番使用的。

跳舞

"跳不跳随你！"

一个有教养的小女孩应该从小学习跳舞。爸爸妈妈们寄希望于孩子通过学习舞蹈变得更优雅，拥有挺拔的仪态。但对于舞蹈老师来说，他们的目标却是让自己最顶尖的学生考入巴黎歌剧院。练舞蹈是一件很枯燥的事情，很多小女孩练着练着就失去了兴趣，她们中的大部分人学习 2~3 年后就会主动放弃，说："我不喜欢跳舞。"通常，法国家长们也会尊重孩子的选择。

∾ 我的建议 ∾

从孩子出生的那天开始，就要尊重孩子的天性，不抹杀孩子的个性，让孩子明白自己的所作所为。

分享（玩具）

"医生，怎么教他分享呢？"

从孩子会玩沙子开始，家长们就希望孩子能把小桶和小铲子分享给其他小朋友玩。当看到孩子气鼓鼓地夺回自己的小铲子时，家长们会感到很难为情。而如果孩子同意把小桶给别的小朋友玩，妈妈就会非常自豪："宝宝真棒，好东西就是要分享！"我们经常可以在公园里看到类似的场景。

如果孩子的社交能力强，家长们会非常高兴。有些家长看到孩子不再抓着玩具不放会很骄傲，认为孩子长大了。另一些家长则会暗自欣赏孩子捍卫自己的能力。

❧ 我的建议 ❧

4 岁以前，没有所谓自私的孩子，也没有所谓慷慨大方的孩子。孩子认为所有拿在手里的东西都是自己的，这不是自私。所有他不感兴趣的东西都可以给别人，这也不意味着慷慨。不要急着给孩子贴标签，"噢，路易不爱分享！"他的性格有可能会被这种标签所影响，真的变成那样。

要教会孩子分享玩具，你得和他一起去沙坑里玩，慢慢地创造机会教给他。家长们太急于看到孩子学会分享，但孩子们和大人的物权意识处在两个维度上。

重复

"不要让我重复！"

这句话里有一种威胁的意味。虽然法国的父母认为通过解释让孩子听话是必要的，但在一些紧急的情况下并没有解释的余地，比如当孩子的行为存在安全隐患的时候。这时，如果孩子还是不听话，爸爸妈妈就要采取震慑手段了。

❧ 我的建议 ❧

当面对一些没得商量的禁忌时，家长们态度要坚定，要立即介入，也不排除"武力"解决的可能。

比如，当孩子不看车就过马路的时候，当孩子要爬上跑步机的时候，家长可以果断将孩子抱起，以此阻止他。这不算是体罚。

　　然而，过后还对孩子大喊大叫，冲他发脾气，对于不到 8 岁的孩子来说没有任何意义。

第 *10* 章

孩子的心，你读懂了吗

"医生，我的孩子怎么了？"

"医生，我的孩子出现问题了？"

"宝宝是一个人。"

"我没想让他成为天才，但是……"

"我们喜欢金色的头发。"

"一丝不挂？"

"孩子言语上的毛病如何纠正？"

"孩子口中有真相。"

"不行就是不行！"

"什么？他不在自己的房间里睡觉？"

"要养仓鼠可以，但你得照顾它！"

"妈妈，我是怎么出生的？"

心理学

"医生，我的孩子怎么了？"

在法国，从 20 世纪 60 年代开始，也就是精神分析师弗朗索瓦兹 · 多尔多活跃的那个年代，心理学就是教育的指南针。法国家长们对那些儿童心理学名词耳熟能详，如恋母情结、分离焦虑、叛逆期、遗尿和青春期焦虑等，每个家长都能侃侃而谈。在孩子不同成长阶段，他们会充分考虑孩子的感受。小到打疫苗，大到亲子分离焦虑，家长们都会给孩子做好心理建设。同时，教师和其他教育工作者也会定期接受心理学培训。

∽ 我的建议 ∽

我很高兴看到全社会对儿童心理学的重视，这意味着教育观念的进步。我常常鼓励家长们要关注儿童成长和儿童教育的前沿资讯。

儿童精神病科医生

"医生，我的孩子出现问题了？"

法国家长们很注重孩子的心理健康，他们很愿意向专业人士咨询，以至于近年来儿童精神病科医生的门诊接待量成 2 倍甚至 4 倍增长，与此同时，国家给予这一领域的支持却呈下降趋势。

儿童精神病科医生的主要职责是诊断病情，也会酌情采用药物治疗。他们在学校中受到精神分析的培训，在看诊时多与心理医生合作。

〜 我的建议 〜

"心病还需心药医。"关注儿童成长，重视儿童的精神，全社会、学校、家庭三位一体，孩子们会越来越健康。

弗朗索瓦兹 · 多尔多

"宝宝是一个人。"

从 20 世纪 60 年代开始，著名的儿童精神分析师弗朗索瓦兹 · 多尔多就在法国国内广播电台的电波中与家长对话，她深刻影响了法国的教育观念：人们认为一个"有教养的"孩子能理解，会倾听，家长要把与他相关的事实告诉他。三年间，弗朗索瓦兹 · 多尔多在电波中回答家长们的问题，鼓励他们要充分尊重孩子。家长们也逐渐明白，原来孩子们懂得的事情要比大人们以为的多得多，从而更加注重与孩子的交流。但随着育儿观念的不断发展，当孩子无法无天时，家长们也试图强硬对待。这使家长们在倾听孩子心声与家长权威之间摇摆不定，不知所措。

〜 在其他地方是这样的 〜

在英国，在 20 世纪 50 年代，英国广播公司也曾经邀请唐纳德 · W. 温尼科特在电波中传播他革命性的观点——"宝宝是一个人"（而不是一个只要给他吃的、给他换尿布就可以的消化机器）。英国的育儿观念由此得以改变，家长们对孩子更加尊重。在古老的文明中，人们认为宝宝是一种超自然的存在，在学会人类的语言以前，他们可以与神灵沟通。

〜 我的建议 〜

弗朗索瓦兹 · 多尔多的观点历久弥新。那些指责她太过宽容的人，并没有真正理解她的观点。她认为在宝宝经历困难的时候（打疫苗、妈妈离开、失去宠物……），家长与孩子的沟通是十分重要的。但她也指出，要给孩子一些限制，这样才能使孩子更安心。

天才

"我没想让他成为天才，但是……"

在法国家庭中，人们不愿意用"天才"这个词，更愿意说"早熟"，因为人们认为天才都是奇怪的小孩，智力水平和社交能力发展不协调。

这个词让法国家长感到害怕，他们不敢这么说，即使在家里也不会说，担心亲戚们会有负面的评论。老师们也不相信有天才，他们认为"天才"只是人们给发展"不协调"的孩子贴的标签，这些孩子有一些特殊的问题，其原因并不是他们智力超群。

❧ 在其他地方是这样的 ❧

相反的，如果孩子是个天才，这会令中国母亲感到骄傲，他们喜欢从小培养孩子，激发他的潜力。

在美国，神经儿科医生格兰·多曼创办了一家宝宝大学，专门制造天才，称可以教婴儿识字读书。

❧ 我的建议 ❧

当说到这样的孩子时，我更愿意说他们"特别聪明"，这样更加客观和直接，因为这些孩子的理解力的确优于普通孩子，或在音乐、体育方面有特殊的天赋。

除了向法国父母学习，不要过早给孩子贴上"天才"的标签，还要尝试了解孩子在哪方面能力强。这些神奇的孩子一般内心极度敏感，家长也要有所了解。

头发

"我们喜欢金色的头发。"

在法国，一头金黄色的卷发是年轻的象征，我们喜欢金色的、微微打着卷的头发。以至于我们舍不得给小孩子剪头发，他们的头发像绒毛一样细细的、软软的。发量少的宝宝（有的孩子 1 岁以前都不怎么长头发）或顶着一头浓密的棕色头发的宝宝，看起来都会有点奇怪。直到 2 岁以后，人们才会觉得金色头发的小孩儿和棕色头发的小孩儿一样可爱。

对于小孩子的发型，每个家庭都有各自的传统。在非洲，人们喜欢用橡皮筋给小姑娘扎一头密密麻麻的小辫子。

⌘ 在其他地方是这样的 ⌘

在拉丁美洲，在孩子 1 岁之前，祖父母会给孩子剃上三次光头，他们认为这样会让头发长得更浓密。相反的，在犹太人的习俗中，孩子 3 岁之前不能剪头发，直到他 3 岁生日。这一天，小男孩会穿上犹太教的传统服装，从犹太教教士开始，每一位前来祝贺的宾客都要为他剪去一缕头发，最后给他戴上一顶圆帽。这象征着，从 3 岁开始，他从一个专注模仿的小婴儿，成长到一个真正的男子汉。的确，从 3 岁开始，孩子已经能从生理和社会两个维度认知自己的性别，他已经成为一个"男孩"了。

⌘ 我的建议 ⌘

如果你的女儿一不小心剪了男孩一样的短发，可以给她戴上发带。通过发带的颜色和图案，人们可以判断出她是个女孩。如果男孩喜欢留长一点的头发，那就给他戴一顶鸭舌帽，或穿有明显性别特点的衣服，以便让人能快速辨识出他的性别。

羞耻心

"一丝不挂？"

自从1968年"五月风暴"以后，法国的家长和孩子才开始在家里自如地裸露身体。然而，恋童癖案件又使羞耻心成为一个新的关注点。

如果家长在洗澡时，不小心被年幼的孩子撞见，不必大惊小怪。不过，在4岁以后，孩子的羞耻心会慢慢凸显，这时大人就要注意自己的着装了。

有教养的孩子不会卖弄自己，不会光着身子看电视。小女孩睡觉的时候，还要在睡衣里穿一条短裤。到了一定的年龄，孩子们自然就会发展出这样的羞耻心。

对于孩子的羞耻心，学术界一直争议不断。童书《一丝不挂》[1]出版时，曾在法国引起轩然大波，一度成为政治辩论的主题，就此产生了"反动派"和"批评派"。当然，这部作品也赢得了一批坚定的支持者，包括学校老师和祖父母们。

∾ 在其他地方是这样的 ∾

当我还是孩子的时候，我第一次看到明打威群岛的原住民时，惊得目瞪口呆。无论男女，他们几乎全裸，只穿一块遮羞布，一切就像奥雷利奥·康尼查罗在《印度支那明打威民族部落历险记》中描述的那样。即使生活在这个原始部落中，人们仍然有先天的羞耻心："一过了年幼无知的阶段，孩子们，特别是女孩子们就会开始穿遮羞布和缠腰布。[2]"

∾ 我的建议 ∾

性别教育和羞耻心之间的争论无休无止。保护孩子的隐私是所有大人的责任，特别是孩子的父母。孩子4岁以后，大人们不应该在孩子面前裸露身体。在沙滩上，孩子要穿泳衣。托儿所和幼儿园的洗手间，也要注意尊重孩子的隐私。不要和青春期的小女孩儿开玩笑，说她的"小乳头正在长大"。

---

[1] 克莱尔·弗兰克，马克·丹尼尔. 所有人都裸露身体. 鲁埃尔格出版社（Rouergue），2011年.
[2] 奥雷利奥·康尼查罗. 印度支那明打威民族部落历险记. 新拉丁出版社（Nouvelles Éditions latines），1968年.

"有教养的"孩子从 4 岁开始，就不能光着身子在沙滩上玩耍了。4 岁的孩子去沙滩，必须穿上泳衣！家长们要尊重孩子的羞耻心。即使是没到青春期的小女孩儿，也要穿上能遮住胸部的泳衣，小男孩则要穿上泳裤。

言语矫正

"孩子言语上的毛病如何纠正？"

孩子们最好每周能去看一两次言语矫正师，每次半小时。

儿童言语矫正师是最受家长们欢迎的医生之一。从小注重听说读写的能力培养，是法式教育的标志之一。无论是口吃，还是阅读困难，家长们都可以请言语矫正师（通常是女士）帮忙。在言语矫正师的帮助下，孩子可以重拾自信，家长们也可以获得一些专业指导。但法式的操练方法见效有点慢……

❧ 我的建议 ❧

每周带孩子去看言语矫正师，这是一个很好的传统。与此同时，我仍然建议家长在家中给孩子制造一个浸入式的语言环境：每天和孩子一对一地讲故事，关上房门，不要和兄弟姐妹们一起；散步的时候，可以和孩子讨论最近的演出；还可以和孩子一起做游戏……当孩子年龄还小的时候，这种方法见效会更快一些。

说谎

"孩子口中有真相。"

自从精神分析学家弗朗索瓦兹·多尔多对儿童语言进行研究以后，法国的家长就十分注意倾听孩子说话了。以法国小城乌特鲁命名的乌特鲁案件却是一个重大的倒退。这个悲剧发生在乌特鲁，受害儿童在案发后多次被提审，致使有些人受到不公正的指控，同时重复的、非人道的审讯也对孩子造成了二次伤害。尽管如此，社会对儿童群体总算有了新认识。无论家长、老师，还是高高在上的法官，亦或是专业的儿童心理咨询师，他们开始愿意俯下身子，耐心倾听孩子的声音，这表示社会在进步。

∽ 在其他地方是这样的 ∽

无论哪个国家，都不允许孩子说谎。但对于留学生群体来说，情况就没有这么简单了。出国留学的孩子有个通病，就是总被无端地扣上撒谎的帽子，实际上这可能只是"他没有掌握当地语言中的细微差别"[1]的原因。同样，对于那些迫于战争和独裁而隐姓埋名背井离乡的家长，他们的孩子也会在隐瞒掩饰中长大。有些孩子脸上总是挂着一丝谨慎的微笑，以此来掩饰内心不可言说的痛苦。

∽ 我的建议 ∽

当你发现两三岁的孩子满嘴跑火车的时候，永远不要上纲上线，认为他道德品质有问题。不要随便给孩子贴上说谎的标签，这很容易让他变成一个谎话连篇的骗子。发现孩子说谎的时候，你可以委婉地说："你这样说真让我吃惊，你可不是个喜欢说谎的孩子。"

要知道，孩子有时并不是蓄意骗人，他们只不过根据你的期望构建了一个记忆，用来帮助自己摆脱困境。孩子眼中的事实与成人眼中的事情是不同的，孩子越小，他的想象力越强，会不由自主地渲染一些想象的情节。

---

[1] 马库斯·诺格莫．黑非洲学校教育和社会关系．哈麦丹出版社（Harmattan），2006年．

在孩子 8 岁之前，不要把孩子的谎言视为"不诚实"。8 岁以后，取决于家长与孩子的交流方式。如果你对他的话有所怀疑，不要当面戳穿并且斥责他，可以带他去看看心理医生。

不行

"不行就是不行！"

以前的家长，似乎只会简单粗暴地说："不行！"如果孩子不听，那等待他们的就是各种惩罚了。

如今，家长们会在拒绝孩子前，迅速思考一下："我对孩子的要求是否合理？"如果他们在三思之后，仍旧强调："不行，就是不行！"那就意味着，孩子的行为突破了家长的底线。

不过，不要经常用强制性或命令性的口吻跟孩子说话，这样会让家长失去权威。帕梅拉·德鲁克曼注意到："法国人很少拒绝孩子，他们经常说'可以''没问题'。当他们说'不行'的时候，那就是真的'不行'了。"[1]

∽ 在其他地方是这样的 ∽

根据帕梅拉·德鲁克曼的描述，美国的家长不敢跟孩子们说不，他们担心这样会挫伤孩子的创造力，限制孩子的活力。美国家长也会给孩子提出一些限制，但不会让孩子们感到失落。

∽ 我的建议 ∽

你应该让孩子知道，"不行"是不需要理由的。孩子只考虑当下，想不了那么长远，

---

[1] 最好的母亲．就是我们．帕梅拉·德鲁克曼访谈．

无法预料自己的想法会造成什么后果。所以，你不用跟孩子解释太多为什么"不行"。但要注意，家长不要轻易跟孩子说"不行"。

孩子在 3 岁之前，也喜欢说"不"，他们这么说，只是为了刷存在感。育儿的秘诀在于，家长要遵循孩子成长的规律。

睡觉

"什么？他不在自己的房间里睡觉？"

如果说"法式"育儿有一个重要的标准，那就是"每个人都要在属于自己的房间里睡觉"！从宝宝很小开始，我们就让他自己睡。法国家长们愿意在宝宝房间安装一个婴儿对讲机，如果他醒了，家长就能听到，但宝宝不能睡在父母的房间里。条件好的家庭会在宝宝出生一个月的时候请一名月嫂来"搞定"他。"有教养的"小孩子从小就明白，他得睡在自己的床上。只有在周末早上吃早餐的时候或在他发烧的夜晚里，他才可以爬到父母的床上来。除此之外，心理医生不建议孩子和家长一起睡。对于十分看重孩子自立的法国家长，孩子学着在自己的房间里睡一晚，是学习自立的重要部分。

∽ 在其他地方是这样的 ∾

在大多数亚洲人、非洲人和印第安人的家庭里，挺大的孩子还和父母一起睡。他们并没有心理问题……美拉尼西亚人，比如卡雷姆布，他们小时候一直睡在茅草屋里一个独特的小隔间里，他们长大以后不独立吗？几年来，有很多在巴黎居住的日本人带着孩子来找我看病，他们从来没有提过孩子的睡眠有问题。按照日本的传统，孩子和妈妈一起睡，孩子的睡眠很好。

美国人帕梅拉·德鲁克曼认为那些可以自己睡一整宿觉的法国小孩简直是奇迹，并且反对美国儿科学会和孩子分享房间的建议，即孩子的小床紧挨着父母的床。[1]她认为这样会让孩子养成坏习惯，而且至少在 2 岁以前，美国小孩儿都会"弄得父母团团转"。[2]

∽ 我的建议 ∾

对于帕梅拉·德鲁克曼这种理想化的描述，你可能会感到惊讶，并且认为自己没有把孩子养好。大部分不跟父母一起睡的 1~3 岁之间的孩子在夜里都会醒来，这是在看儿科医生时，这个年龄段孩子的家长最常见的问题之一！

不要让你的宝宝在夜里悲伤哭泣，他们最后可能会绝望沮丧。要安慰他，如果需要的话，在他旁边加一张床，以便你可以在他身边躺下。这样，安心的宝宝才会很快安静地睡去，并且也不会养成在你的床上睡的习惯，你和你的伴侣也可以有一些亲密的空间。在宝宝前 6 个月时，据美国儿科学会显示：和宝宝在一个屋子里睡觉可以减少其心肺功能降低的概率……

宠物

"要养仓鼠可以，但你得照顾它！"

除了毛绒玩具，法国孩子最喜欢的玩伴就是仓鼠了。对于居住在城市里的法国儿童来说，仓鼠是不可或缺的小伙伴，其次是猫和狗。在欧洲，法国是养宠物最多的国家，有超过一半的家庭养宠物。[3]如果父母每天早出晚归，或孩子与父母分开生活，养宠物是父母补偿孩子们的一种方式。生活在城市里的孩子也需要接触大自然，宠物是他们和大自然之间的纽带。

法国父母可以接受孩子养宠物，但有一个前提条件：孩子必须自己喂宠物、出去遛宠

---

① 最好的母亲．就是我们．帕梅拉·德鲁克曼访谈．

② 贝阿特丝丽·枫丹奈尔，克莱尔·阿尔古．世界各地的婴儿．

③ "宠物：法国是拥有宠物最多的欧洲国家" www.lefigaro.fr，2011 年 5 月 11 日．

物和清洗笼子，这可以培养他们的责任感。但实际上最后还是家长完成大部分照顾宠物的工作，孩子们无法想象他们的小动物真正需要什么。对于孩子们来说，宠物只是一个很好的伙伴。

∽ 在其他地方是这样的 ∽

在拉丁文化国家（西班牙、葡萄牙、希腊），孩子们直接接触大自然的机会更多，所以他们养的宠物数量要少一半。相反的，在日本的东京——世界上人口密度最大的城市之一，人们购买宠物的数量不断增长，特别是对昆虫情有独钟。

∽ 我的建议 ∽

确实，小动物是孩子宝贵的伙伴，大人需要引导孩子学习照顾小动物。

你要提前告诉孩子小狗的习惯，不要吓唬它，当它吃饭的时候不要打扰它；还有了解小猫的心思，当小猫需要安静的时候，不能把它当作毛绒玩具，随时拿过来玩，等等。

还需要注意的是，孩子们喜欢把自己的想法投射到宠物的身上，认为它们时时刻刻都想出去玩，无法理解小动物和人一样也会肚子饿，也需要经常洗澡。所以，当孩子领养一只宠物的时候，你要做好帮助孩子照顾它的准备。

根据你的居住环境选择宠物：如果你们住在城市里，最好养小一点的宠物。

此外，你要和孩子说好，一只狗的平均寿命是 13 岁，最长可以活到 18 岁，那时候你的孩子多大了？他步入青春期后，还有时间照顾宠物狗吗？

如果能把以上问题考虑周全，你很快就会拥有一个幸福快乐的孩子，还有一只健康成长的宠物。

性启蒙

"妈妈，我是怎么出生的？"

每个孩子都好奇：“我是怎么出生的？”

以前，法国家长会微笑着告诉孩子：女孩是从玫瑰花中长出来的，男孩是从卷心菜中长出来的。现在，他们想告诉孩子真相。真相又是什么呢？我们会这样解释：爸爸会把一颗种子种在妈妈的肚子里，种子发芽后就成了小宝宝。至于这粒种子是如何种到妈妈肚子里的，就让爸爸妈妈很尴尬了。幸好孩子们对此并不是很好奇，他们一直以为种子是被妈妈吃下去的……

在孩子青春期之前，父母对孩子进行性教育启蒙时，他们并不希望其他人参与其中。在孩子中学快毕业的时候，会有这方面的专业人士来回答孩子们的问题，这些问题是他们之前不敢问家长的。法国教育部门一直尝试从幼儿园就引入性别平等教育，但受到了家长们的强烈抵制，家长们认为这可能导致孩子混淆性别。

⤳ 在其他地方是这样的 ⤳

瑞典的性别教育从托儿所就开始了。在一家斯登哥尔摩的幼儿园里，副园长教师伊冯娜·阿勒说：“我们不会跟小女孩说她的裙子很漂亮，也不会跟小男孩说你不能哭。在学校图书馆里，管理员在图书品种上也会注重平衡男性英雄和女性英雄的比例。”[1]

⤳ 我的建议 ⤳

在做性教育启蒙时，家长和老师要遵循适度原则。

在托儿所期间，也就是3岁之前，孩子们发现他们“后面都是一样的，但前面略有不同”。这一时期，他们几乎没有性别意识，所有人都愿意玩过家家或大汽车，老师们也不会把自己对性别的成见投射到孩子身上。小孩子认为自己看到的、听到的都是“合理的”。从4

---

[1] 瑞典，开设性别教育学. www.la-croix.com，2013 年 12 月 6 日.

岁开始，家长要注意尊重孩子的羞耻心，教他尊重别人的生活方式。在回答孩子的问题时，要给孩子留有思考空间，而不是把自己的观点强加给孩子。到了中学时期，孩子就需要有自己的秘密花园了。这时，学校的护士、家庭医生和看着孩子长大的儿科医生也许是更好的对话者……

第 *11* 章

如何与孩子亲密相处

"我知道，我太黏人了……"

"我知道，世界上没有完美妈妈。"

"别总抱着孩子，你会惯坏他的！"

"离席之前要获得允许！"

"今天，是宝宝第一次出门！"

"听说，戴这个对牙齿好！"

"大象巴巴诞生在法国！"

"他不喜欢毛绒玩具，这正常吗？"

"送他一只可爱的小老鼠。"

"快看，那不是送给你的礼物？"

"我习惯用成年人的方式跟他交流。"

"宝宝，你想不想挣一大笔佣金？"

黏人的母亲

"我知道，我太黏人了……"

　　法国妈妈们常常会这样自责，然而她们能够很好地承受这样的自责，好像是在炫耀一样。在亲友们的责怪面前，一位妈妈大声说："我认为，为人父母这件事需要不断学习思考、不断学习，当我们还是小孩子的时候，我们的父母教育我们的方法不一定是对的。"确实，法国妈妈一直被要求不要一直抱着孩子，不要总是喂奶，不要和孩子一起睡，不然就会被指责是"黏人"。一旦社会舆论或司法体系介入到孩子的教养中，比如夫妻双方离婚，判定孩子抚养权归属时，如果母亲被贴上"黏人"的标签，判处结果往往会对她不利。

∽ 在其他地方是这样的 ∽

　　摄影记者本杰明·比尼向非洲颇尔族的一位母亲哈比芭提了一些问题，她的回答是最自然的。

　　"你准备把你的孩子背到多大？"

　　"4 岁。"

　　"他一直和你在一起生活吗？"

　　"是的，我走到哪儿他跟到哪儿。"

　　"晚上呢？和你睡一张床？"

　　"对，他挨着我睡。我准备陪他睡到 4 岁。"

　　其他的女人会笑这些提问，对于她们来说这些问题很奇怪：这难道不是理所当然的吗？谁会认为多哥的这些颇尔族孩子长大后不独立，不能自己解决问题呢？

　　在北欧和美国，有延长母乳和同床睡的趋势。美国《时代周刊》曾经刊登过关于亲密育儿的系列文章[1]，这是由美国儿科医生威廉·西尔斯提出的理论，他提出要和孩子尽可能地亲密接触（同睡、多抱、长时间母乳喂养）。

----

[1] 凯特·皮克特，"重塑母爱的人"，www.time.com，2012 年 5 月 21 日.

∽ 我的建议 ∾

不要为了让孩子独立而过早地让宝宝和母亲分开。唐纳德 ·W. 温尼科特坚持认为："对孩子的需求极为敏感是母亲的天性，她会用尽所有方法满足宝宝的需求。"[1]只有母亲会知道宝宝什么时候能准备好离开妈妈，每个孩子都不同。当然了，如果是单亲母亲，她会把孩子当成生活伴侣，这时有可能会出现母亲过于黏着孩子的情况。但大多数母亲都会合理地回应孩子的需求，她们会和对孩子不利的事情斗争到底，使孩子更有安全感。

无处不在的负罪感

"我知道，世界上没有完美妈妈。"

英国的儿科医生唐纳德 ·W. 温尼科特在书中告诉妈妈们，可以做到"足够好"，但无法完美。只有明白这一点，妈妈们在给孩子看病的时候，才能做到客观描述，不会有负罪感。妈妈们可以偶尔在孩子面前嘲笑自己多么笨手笨脚，这样孩子反而会更加感恩，因为妈妈已经做得够多、够努力了！

∽ 在其他地方是这样的 ∾

"美国的妈妈们总是不停地抱怨自己是坏妈妈，为孩子做得不够多。无论做什么，去工作或练瑜伽，她们都会有负罪感。在美国，一个陷入极度痛苦中的妈妈肯定是一个超级好妈妈。"[2]

∽ 我的建议 ∾

当然了，世界上没有完美妈妈！孩子们总是有对妈妈不满意的地方，有时他们只是想

---

[1] 让-弗朗索瓦·拉宾，"温尼科特母性和精神建设"，成人心理介绍讲座，www.societe-psychanalytique-de-paris.net，2002年10月10日。

[2] "最好的母亲，就是我们！"帕梅拉·德鲁克曼访谈.

疏远你，希望更加独立。青春期的孩子就是喜欢和父母唱反调，喜欢诋毁自己的父母，有时候甚至用一些残忍恶毒的语言。只要孩子不是成长在被罪恶笼罩的氛围中，等他长大懂事后，自然会重新跟你亲近的。

抱抱

"别总抱着孩子，你会惯坏他的！"

法国爸爸妈妈带孩子外出的时候，都会用婴儿车或婴儿背带。当母亲用婴儿背带时，喜欢让宝宝脸朝着自己，而爸爸更愿意让宝宝脸朝外，一边走一边给宝宝介绍外面的世界。但法国父母依然在亲密育儿法和远端育儿法之间举棋不定，既想时刻抱着宝宝，又想尽早让他独立。

让人抓狂的是，各位七大姑八大姨一看见家长抱孩子，总是忍不住操心："哎呀，别总抱着孩子，你会把他惯坏的！你跟他太亲近了，以后他会无法无天的……"大多数家长才不会把这些话放在心上，他们跟随自己的本心，大胆地抱着宝宝晃来晃去，这让其他人很羡慕……

❧ 在其他地方是这样的 ❧

一位印度尼西亚的妈妈告诉我："在我们这儿，把不到 2 岁的孩子放在地上是很不吉利的！"接着，她说在她们的大家族里，妈妈、姐姐、姑姑、祖母轮流抱宝宝……

在多哥，妈妈们喜欢背着孩子。在另一些国家，妈妈把孩子用背带固定在胯上，比如喀麦隆的巴米累克人。根据学者克罗蒂·拉科沃斯卡·热拉尔的假设[1]，在妈妈身上"长大"的孩子，日后在几何学上比较有发展优势。

---

[1] 克罗蒂·拉科沃斯卡·热拉尔. 非洲儿童: 数学能力和背着宝宝. 艾迪尼·埃尔比奈. 玛丽-克莱尔·布斯内尔(主编). 方向黎明，对胎儿和新生儿的感官知觉的集体研究，新生儿手册，第 5 号，1995 年.

❧ 我的建议 ❧

家长经常抱着宝宝（儿科医生温尼科特称之为 holding），为宝宝内在安全感的发展提供了必要的感情基础。你在做家务的时候，也可以把宝宝抱在身上，就像袋鼠妈妈带着袋鼠宝宝一样。你还可以鼓励保姆和奶奶抱孩子，不用担心宝宝被惯坏。经常被大人抱的宝宝，在听觉和语言表达能力上有先天优势，他们儿时静悄悄地听大人聊天，长大后上了幼儿园，通常也是听故事最认真的孩子。

可能有的家长要问："那么，该抱到多大呢？"放心，总有一天你会因为孩子太沉而抱不动了……

家庭聚餐

"离席之前要获得允许！"

在法国，家庭聚餐是一个神圣的概念，一如法餐入选人类非物质文化遗产一样。这是全家最快乐的时光，一家人坐在一起吃饭，遵守用餐的规矩，教给孩子用餐禁忌。法国的家长这么做有两个目的：让孩子不挑食和有良好的餐桌礼仪。

现在，我仍然记得小时候和爸爸妈妈、两个姐姐一起吃饭的情景。聚餐有时候在中午，有时候在晚上，说话要注意，吃饭要按照前菜、主菜、甜点的顺序。而且，一定要把汤喝掉！我还记得，有一次我吃着吃着在椅子上睡着了，忘了被谁叫醒了，然后就不允许我接着吃了，但可以和大家一起聊天……这就是法国的传统。

随着法国妈妈们的工作节奏加快，没有时间在家做饭，她们也不得不吃一些速冻食品或食物罐头。但她们还是会尽力把这些半成品做得很美味。有的孩子对食物很挑剔，需要妈妈付出更多耐心去哄他们吃饭。

如今，法国已经不像帕梅拉·德鲁克曼描述的那样："从 1 岁开始，法国的小宝宝们就在父母的陪伴下，坐在桌边吃饭了。大人们也按照前菜（波罗门参）、主菜（鳕鱼西兰花）、甜点（蒙斯德干酪）的顺序给宝宝吃。孩子们胃口很好，在吃完干酪的时候还会再吃西兰花。没有人哭闹，所有人都坐着吃，最后吃完，孩子还会收拾餐桌。"[1]

很多法国妈妈都跟我抱怨："我们很纳闷，她在哪里遇到的这样的家庭！"虽然不能每餐都让孩子跟父母一起吃，至少在周末或工作日晚餐的时候，家长们会尽量让孩子参与家庭聚餐。对于年纪小的孩子和青春期的孩子，家庭聚餐总会有一些难忘的记忆，有时兄弟姐妹们还会借此获得父母的关注。

∽ 在其他地方是这样的 ∽

我在大洋洲的时候，发现当地孩子的食物很原始。大人们围坐在一起，吃一种叫bougna 的烤鸡，是用香蕉叶包着在石头上烤熟的。小孩们一边玩，一边时不时过来吃一口白薯。大人们不会过多干涉孩子们的用餐。到了八九岁的时候，孩子们自然就愿意坐下来和大人一起吃饭了。妈妈们并不介意孩子们都吃了什么，只要孩子长得壮实就行。

在北欧国家，气候条件决定了他们的饮食节奏。因为天黑得早，白天短，他们的早餐很丰盛，午餐很迅速，晚餐经常吃鱼，搭配土豆和奶油。无论是身体素质，还是认知能力，北欧人都发育得很好，看来他们的饮食结构很值得学习。

在越南，大家都围坐在一张木头桌子周围吃饭，孩子们也在周围，碗里都是切成小块的食物，孩子吃起来很方便。妈妈会用筷子夹起食物，一块一块喂给孩子吃。不久，孩子们就学会用筷子了。

在美国，为了让孩子自己吃饭，人们在食物造型和摆盘上花了很多心思。这种文化迅速传播到世界各地，从麦当劳和肯德基的成功中就可以略见一斑。

在日本，传统上喂奶要喂到 5 岁，之后孩子们主要吃鱼和米饭。今天，随着美式食品的普及，肥胖的现象也有所增加。

∽ 我的建议 ∽

怎样降低美国餐饮文化对法国的入侵呢？家长们应该坚持一家人在一起吃饭的传

---

[1] 帕梅拉·德鲁克曼.法国宝宝.弗拉马里翁出版社，2013 年.

统，继续分享这一美好时刻。

但如果孩子不到 5 岁，就要尊重他好动和好奇的天性，不要做违背孩子成长规律的事情。鼓励孩子和家长一起吃饭，给他准备一个高一点的儿童餐椅。当他想离开的时候，不要再束缚他。把盘子放在低一点的桌子上，方便孩子自由取食。吃饭是一种情感交流手段，不要把和父母吃饭变成一件不愉快的事情，更不要让吃饭成为父母互相指责的时机。

当孩子可以在餐桌前安安静静坐 45 分钟的时候（一般是 7 岁，也就是我们的祖父母常说的"懂事的年龄"），不要鼓励孩子竞争，而且要记住，吃饭时的谈话内容要尽量让每个年龄段的孩子都感兴趣。如果不让孩子说话，只是让他听新闻，或父母在吃饭时玩手机，都会对孩子产生不利影响，孩子自然就养成了一边吃饭一边刷微博的恶习。最后，在重大节日时，一大家子聚餐，大人们要多多照顾小朋友的感受。家庭聚餐应该充满人情味，千万不要在饭桌上训斥孩子。

宝宝第一次出门

"今天，是宝宝第一次出门！"

家长们很重视社交，他们迫不及待地要带孩子出门。当新手爸爸推着最新款的童车出门时，他骄傲极了。宝宝的东西一样都不能少：防晒霜、帽子、太阳镜、奶粉盒、纸尿裤、围嘴、奶瓶和水、玩具……即使第一次出门时，有的宝宝视力发育不完善，只能看到爸爸的鼻子……然而，这对他来说也是一件大事！

同时，家长们又不放心让宝宝坐车去看医生，他们会问医生："医生，您可以出诊吗？"对于生活在城市里的宝宝，保姆们会每天带宝宝外出"放风"。

☙ 在其他地方是这样的 ❧

在传统观念中，新生儿 40 天以后才能出门。在这之前，他和妈妈形影不离，别人看上一眼，妈妈都会担心是"邪眼"。

☙ 我的建议 ❧

不要白费力气带新生儿出门了！他可以出门，天气冷的时候一定要给他穿好衣服。但这并没有太大意义，宝宝 2 个月以后，才能看到 50 米以外的东西，才能感知环境中的一些细节。在这之前，他的世界里只有爸爸妈妈的面庞以及他们温暖的臂弯、熟悉的味道和香甜的乳汁……

护身符

"听说，戴这个对牙齿好！"

法国的小宝宝经常会戴一些护身的法宝。很多宝宝手腕上会系一条红绳，这是为了得到保护和力量。各种各样的儿童护身符在法国很流行，在卢瓦雷省的乡村，有的母亲会把鼹鼠的牙齿放进一个小袋子里，别在孩子身上。

☙ 在其他地方是这样的 ❧

随着科学和医学的进步，越来越少人相信在脖子、手腕上戴个什么东西，或在衣服上别个什么东西就可以带来神奇的能量。在古老的文化里，人们迫切需要保护自己的孩子，这种心理催生出地球上各个人种在这方面的创造力。远古时候，人们用来辟邪的护身符有时是一片金属，有时是五彩线穿成的一串珍珠。在法国的海外省马约特岛，新生儿的摇篮里会放一面镜子，新生儿脖子上佩戴内藏《古兰经》经文的护身符，以此来辟邪。年轻的产妇则会用棉花塞住有孔的地方,比如耳朵,避免邪气侵体……而且,"她们尽量不打哈欠"。[1]

① 让－克里斯托夫·赫伯特，奥迪尔·赫伯特.世界各地的父母和婴儿：仪式和首要关系.埃拉斯出版社（Érès），2011 年.

～ 我的建议 ～

你能给孩子的最好的保护是你对他的关注和对他身体发育的了解。大部分的护身符对健康都是有害的（不卫生或可能引起意外事故），要重视孩子的安全，把护身符放在一个孩子够不到的小盒子里……日后，当你给他讲他小时候的故事时，这将是一个很好的回忆。

大象巴巴

"大象巴巴诞生在法国！"

"不对！"我的美国朋友经常跟我说，"《大象巴巴》系列图书是在美国创作并出版发行的，是在美国书店中小朋友非常喜欢的书。"[1] 其实《大象巴巴》诞生在法国：一位叫西西·德·布吕诺夫的母亲有一次给孩子们讲故事时，即兴编了一个关于大象巴巴的故事，随后孩子的父亲让·德·布吕诺夫把这个故事画成了连环画，接着阿歇特出版公司出版了这本书（他们从时尚花园出版社买下了这本书的版权）。后来，布吕诺夫夫妇的儿子洛朗·德·布吕诺夫定居美国，子承父业，继续创作大象巴巴的主题图书，使大象巴巴在美国大受欢迎，蜚声国际。严格来说，大象巴巴从血统上是属于法国的。大象巴巴的故事很好地反映了法国父母的育儿观念，他们向来喜欢给孩子编睡前故事。

～ 在其他地方是这样的 ～

中国人、因纽特人和非洲人都有自己的神话故事，每个民族的父母都有给孩子讲睡前故事的习惯，这些故事因此代代相传。而在美国，古老的欧洲历史给了华特·迪士尼灵感，让他创造出《米老鼠》（我在另外一本书中分析过，这个形象为什么能在世界范围内引起孩子们的共鸣）《白雪公主》和《美女与野兽》这样的好故事。

---

[1] 艾维吉·安提耶. 为什么您的孩子痴迷迪斯尼. 罗伯特·拉封出版社（Robert Laffont），2007 年.

∞ 我的建议 ∞

给孩子讲睡前故事，贵在坚持。即使孩子已经长大，家庭成员越来越多，也不要让这些埋没你讲故事的天赋。

不要过早停止讲睡前故事的行为：虽然上一年级的孩子能够独立阅读，这并不意味着晚上你就不用跟他分享睡前故事了，这是一个亲子沟通和说知心话的好机会。

如果家里有两个孩子，不要剥夺属于老二的睡前故事时间。关好老大的房门，专心给老二讲一个故事。根据每个孩子的认知水平，讲适合他年纪的故事。

毛绒玩具

"他不喜欢毛绒玩具，这正常吗？"

法国人认为毛绒玩具是孩子不可或缺的生活附属品。法国家长非常重视毛绒玩具，他们知道，从心理学上讲，毛绒玩具可以作为一个"过渡对象"，来帮助宝宝克服与妈妈的分离焦虑。在法国，很多母亲在孩子很小的时候就回归职场了，她们会给宝宝一个毛绒玩具，帮助他尽早独立。但有的宝宝不喜欢毛绒玩具，他们更喜欢安抚巾。不管是吃饭、睡觉还是玩耍，他们都和安抚巾寸步不离，即使安抚巾因为用了太久闻起来有股怪怪的味道。不过，法国家长很理解孩子对安抚巾的依恋。

∞ 在其他地方是这样的 ∞

在非洲和马格里布的国家，传统上母亲会通过与宝宝的亲密互动来安抚宝宝，所以宝宝用不着毛绒玩具。"勒杜安每天和妈妈一起睡，这就是他没有毛绒玩具的原因。勒杜安的妈妈说：'我就是他的毛绒玩具。'纳西姆很迷恋妈妈的母乳，他的妈妈说：'我的孩子有母乳就够了，他不需要毛绒玩具，也用不着安抚奶嘴。'"[1]

① 雷切尔·加斯帕里尼，西尔维·奥古托，雷吉娜·希洛塔（主编）. 童年和文化：尊重人文社会科学. 研讨会记录. www.enfanceetcultures.culture.gouv.fr/actes/gasparini，PDF，2010 年.

∽ 我的建议 ∽

一个宝宝从小被按需喂养长大，而且大人能够及时回应他的情感需求，那么，他可能真的不太需要毛绒玩具。如果孩子的母亲需要工作，那她很难满足孩子的这些需求，这时宝宝才会退而求其次，把对妈妈的依恋转移到朝夕相处的毛绒玩具身上。另外，他的心头所爱，不一定是你专门从商店买回来的安抚玩具，也有可能是爸爸的某件衬衫……每个宝宝都有自己偏爱的味道。

小老鼠

"送他一只可爱的小老鼠。"

17 世纪时，奥诺伊公爵夫人创造出了"善良的小老鼠"这一形象。为了帮助王后，小仙女变成了一只老鼠，它躲在坏国王的枕头下面，让他的牙齿都掉光了……法国的爸爸妈妈至今还在给孩子讲这个故事。为了安慰换牙的孩子们，"小老鼠"还会悄悄给孩子们塞些零花钱和零食。

∽ 在其他地方是这样的 ∽

在一些非洲国家的习俗中，有的人把孩子的乳牙扔到屋顶上，据说这样会给家里带来好运；有的人把孩子的乳牙放在地上，供奉太阳。

在欧洲，从前我们告诉孩子是小牙仙拿走了牙齿，换成硬币放在那儿。后来，小老鼠代替了小牙仙，纸币也代替了硬币……

∽ 我的建议 ∽

牙齿是力量的象征，它能切碎食物。孩子长牙的时候，全家人都非常欣喜，这是孩子长大的重要一步。当孩子的乳牙悄悄掉落的时候，在短期内，这是一种"损耗"。当然，孩子很快会长出更大的门牙，但这需要时间。而且，在牙医给他矫正牙齿以前，孩子的笑容也不会像以前那么可爱了。所以当孩子掉牙的时候，家长们要安慰孩子，给他一些补偿，把这个传统延续下去。每当孩子掉一颗乳牙的时候，家长们都应该为孩子庆祝……

让孩子们相信圣诞老人

"快看，那不是送给你的礼物？"

在法国，想养好一个孩子，就要跟他说实话。但家长们一直以来都保持着过圣诞节的传统。他们会认真装饰圣诞树，告诉孩子圣诞老人会在夜里给他们送礼物。

关于世界上到底有没有圣诞老人这件事，法国家长们很纠结，他们从小教育孩子不能说谎，但还得偷偷扮演圣诞老人给孩子送礼物。然而，随着孩子们慢慢长大，经历过几个圣诞节以后，他们多少发现了一些蛛丝马迹，只是假装视而不见。大家彼此心照不宣，尽管家长们也不太清楚这样做对不对，他们还是选择让孩子相信圣诞老人的存在……

如今，圣诞节是一个大家庭团圆的好机会，所有兄弟姐妹都围坐在餐桌前。很多家庭保留着宗教信仰，虽然教堂方面不时有反对圣诞老人的声音，一般家长还是认为圣诞节是庆祝耶稣诞生的节日。他们在午夜去参加礼拜，然后回到家，和孩子们高高兴兴地拆礼物……

∾ 在其他地方是这样的 ∾

人们认为圣诞老人来自寒冷的国度，他的故乡在芬兰，在芬兰还有专门的参观圣诞老人故乡的旅行路线。其实，圣诞老人无处不在：他在大洋洲的椰子树下，也乘着雪橇飞过中国。有人会说这是中国向西方贸易开放的结果。中国的孩子们很快就接受了圣诞老人，大人们会用彩灯等装饰圣诞树，这表明了世界各地的人们都需要意外惊喜，需要一个集体无意识的狂欢节……

⋙ 我的建议 ⋘

　　家长要明白，圣诞老人之所以在全世界如此流行，而且经久不衰，是因为这符合大家的心理需求。圣诞老人不是一个谎言，而是一个传说，他是慷慨的象征。在会读书之前，小孩子不理解这个抽象的概念，在他们的想象中，圣诞老人是一个穿红色衣服的老人，来自很远的地方，人们无法接近他，他在晚上来（那些节日的时候出现在幼儿园里的，或在商场前面做促销的圣诞老人一定是假的，别人化妆成的！）。在孩子成长的过程中，他们需要相信，只有经过生活的苦难，好的惊喜才会到来。每个孩子都喜欢过圣诞节，在圣诞树下找到礼物的惊喜，会让他受益终生。

说儿语

"我习惯用成年人的方式跟他交流。"

　　"Didu，Piupiu，ahah……"法国家长不允许大人跟孩子说儿语。周围的人也会嘱咐家长，不要这样跟孩子说话。

　　"我以后要跟我的宝宝好好说话。"很多家长说起育儿经来，头头是道。

　　然而，等宝宝咿呀学语的时候，有的家长会觉得很好玩，不由自主地模仿孩子的语气说起儿语……

　　"法国精神分析之母"弗朗索瓦兹·多尔多提醒家长："不要跟宝宝说儿语。"然而，很多法国父母曲解了这句话。根据多尔多的观点，当孩子学会说"小狗"的时候，大人就不能再说"狗狗"这样的儿语了。

　　法国家长们坚持认为，从宝宝嘴中说出的代表一定意义的单词，不同于小婴儿期毫无意义的咿咿呀呀。但小宝宝太有魅力了，家长们很快就为其倾倒，把一切抛在脑后，跟着宝宝奶声奶气地说个没完。

∽ 在其他地方是这样的 ∼

在美拉尼西亚的村庄里，与宝宝对话是一件非常私密的事情，家长不允许陌生人随随便便和孩子搭话。妈妈喜欢把婴儿抱在怀里，轻声跟他说话，给他讲部落里的传说和趣闻，直到宝宝沉沉睡去。

"生活在非洲的妈妈走到哪里都带着宝宝，但她们与宝宝在语言上的交流不多，比法国人少得多。不过，在非洲，妈妈与宝宝们更加亲密。"[1]

∽ 我的建议 ∼

凡事没有绝对，请跟着你的直觉走！刚出生几个礼拜的宝宝渴望从你的语言和微笑中得到回应。当你朝着宝宝俯下身，他会努力调动所有的面部肌肉，努力地用喉咙发出声音，这是他们第一次尝试和外界沟通。这时，你需要贴近宝宝，满怀热情地回应他的咿咿呀呀，从宝宝很小的时候就与他互动是很重要的。

小宝宝们的任何一个声音都会令爸爸妈妈神魂颠倒。有一个妈妈曾兴奋地告诉我："在宝宝的语言里，'keke'是在说'快乐'。"

为大便支付"佣金"

"宝宝，你想不想挣一大笔佣金？"

在那些"有教养"的家庭里，当提到大便的时候，人们会这样打趣。在法语里，佣金就是报酬。对于家长们来说，拉大便属于孩子提供的劳动。法国很多家长和孩子都用这样的"暗号"对话，然而对于不太精通法语的人来说，这实在是很令人费解……

---

[1] 雅克琳•拉斑. 部落之子：从断奶到各个年龄段. 帕约出版社（Payot），1994 年

❧ **在其他地方是这样的** ❧

在大多数文化中，大便都是用一种拟声词来描述的：在英语国家，人们叫它 pooh；在印尼，人们叫它 bah；在意大利，人们叫它 puah；在斯洛伐克，人们叫它 pu……这些拟声词听起来多少有点恶心，所以孩子们很少在家里这么说。

❧ **我的建议** ❧

虽然"佣金"这样的表达有点过时，但孩子们早已习以为常。唯一的优势在于，这样的说法比较含蓄，迎合了法国人的"法式优雅"。

第 *12* 章

关于教育的那些事儿

"我从怀孕的时候就给宝宝在托儿所注册排队了！"

"凡事都有个过渡，上幼儿园也不例外。"

"我们的教学计划？那就是：每天换几次尿布！"

"他会跟我一样上公立小学！" "我们要上圣路易·德·贡札格学校！"

"孩子们放学时，我们还没下班，怎么办？"

"拼写是一门技术活儿。"

"每天晚上都崩溃！"

"像一种愧疚……"

"你的听写得了几分？"

"分，分，学生的命根。"

"我要去找教育委员会申诉。"

"你有没有继续读那本书？"

"他画的小人不完整！"

"很遗憾，自从改革后，每个周三学校都要上课，以前他可以玩上一整天。"

"妈妈，别担心，我很快就回来了！"

"今天，要穿制服上学吗？"

"可是，食堂的饭很好吃呀！"

托儿所

"我从怀孕的时候就给宝宝在托儿所注册排队了！"

把孩子送到托儿所是最受妈妈们青睐的选择，她们挤破头都想把孩子送进托儿所。因为托儿所有专业人员照顾，所有的工作人员都接受过专业培训，又有政府部门监管。托儿所是最值得信赖的育儿机构。此外，上托儿所还可以培养孩子早期的社交能力。以至于，如果某个孩子在上学之前，没有在托儿所体验过集体生活，那么法国妈妈们会觉得这不正常，担心孩子没有做好上学的准备。

∽ 在其他地方是这样的 ∽

我从小在大洋洲长大，并在那里成了一名年轻的医生。在大洋洲，我经常看到"小不点们"在大孩子的带领下嬉戏玩耍，整个部落的人都会加入到看护孩子们的工作中。

∽ 我的建议 ∽

在法国，国家和地方政府都不遗余力地发展托儿所，使其可以满足不同年龄孩子的需求，让他们快乐地在托儿所中成长，同时这也给父母减轻了负担。每个托儿所都配有儿科医生和心理咨询师，专业的育儿团队为家长解除了后顾之忧。很多托儿所都有独立运营的育儿嫂团队。如果托儿所名额满员了，你可以到育儿嫂中心碰碰运气。

托儿所与幼儿园之间的过渡

"凡事都有个过渡，上幼儿园也不例外。"

每个孩子第一次迈入校门时，家长们都非常兴奋。一直以来，法国的幼儿园都是其他国家的榜样。但如今，每个班里都是人满为患（平均一个班有 26 个孩子），几个班共用一个老师和一个助教，加之每天集体活动的时间过长，这些都使得幼儿园不是很适合"幼儿"……

对于刚满 3 岁的小孩子来说，幼儿园就像炼狱一般，每天按部就班地上课、吃饭、无聊的游戏、不舒服的午睡……直到晚上六点半才能回家……孩子们讨厌上幼儿园，隔三差五就在家里大哭大闹一番……这样一来，家长们就很难兼顾家庭和工作了。他们认为自己没有教好孩子，以至于孩子无法适应幼儿园的集体生活。

∾ 在其他地方是这样的 ∾

在多哥，有一个叫 Dapaong 的村子，波琳对摄影记者本杰明·比尼说，那里的孩子们 4 岁去幼儿园；彻利法说，她要等索尼克 5 岁的时候再送他去上学。我在塞内加尔旅行的时候，那里的孩子不是在路边玩耍，就是在和父母度假，而同龄的法国小孩却整天被关在学校里。他们的童年多么自由自在，而我们的孩子小小年纪就过集体生活了，这是多么鲜明的对比啊！他们每天与大自然为伴，我们长期置身于钢筋混凝土的城市森林中，让孩子早早进入集体，也许就是为了打破这种禁锢。

∾ 我的建议 ∾

在孩子 3 岁正式入园前，最好有个过渡期，开始可以尝试只去上午半天，等孩子适应后再加上半天。接下来的一周，每天陪他在食堂吃一两顿饭，慢慢地他就能在幼儿园过全天了，一直到下午四点半放学。这才是适应孩子节奏的入学方式。

当然，在入园过渡期间，随时需要家长接应，还好法国社会对妈妈比较包容，让妈妈可以兼顾工作和孩子的福祉，只不过工资会减少。现在，很多城市都设有托儿所，从下午三点半开始，接待入园不满一年的孩子。对孩子们来说，托儿所是他们的避风港（因为幼儿园节奏快、人多，对于幼儿来说并不舒服，托儿所中不用上课，只是玩，所以孩子们更加喜欢）！

幼儿园

"我们的教学计划？
那就是：每天换几次尿布！" ①

在法国，越来越多的孩子过完 2 岁生日就上幼儿园了。一方面，家长们对幼儿园寄予了很高期望，认为孩子去幼儿园比在家里好；另一方面源于法国政府的大力支持，那些家境不太好的孩子在幼儿园里会有一个更好的语言环境。

然而，法国人又主张，孩子成长的过程是不断学习、丰富自己的过程，提倡大人走进孩子的心灵，充分挖掘他的潜质，而不是过分地激励。

这一教育主张与低龄化入园相矛盾，在社会上引起了很大争议。"过早地强迫 2 岁大的孩子离开母亲和他们熟悉的生活环境，是违反孩子意志的，会产生一系列消极影响。比如，这会强迫孩子忘掉最初的记忆，今后遇到事情时容易退缩……有观点认为，尽早开始上学有利于孩子融入集体并且对家庭贫困的孩子有好处，这其实是粗暴干涉了家长对孩子的教育，不该强迫孩子过早上学。" ②

∞ 在其他地方是这样的 ∞

在瑞士，孩子通常 4 岁上幼儿园。在芬兰，没有幼儿园一说，孩子在 7 岁之前上儿童园（不是免费的，但很便宜）。这些儿童园师生比例惊煞旁人：比如一个班有 21 个的孩子，年龄在 3~6 岁之间，配有 2 位老师、1 个育儿嫂和 1 个保洁员。儿童园日常安排很随意，课程不固定，其宗旨是全面挖掘孩子的天赋。在北欧国家，提倡家校协作，即校方和家长紧密合作。③

在美国，教育不是政府统一规定的。大部分孩子从 3 岁开始上学前班，一般是收费的，每天上半天课，由家长管理。但中产家庭的家长从孩子 2 岁就给他们排满了各种课程，为

---

① 我在这里记录了我的一位病人对督学的答复，他的职业是教师。
② 玛丽-罗斯·莫罗．关爱这里和其他地方的孩子，跨文化故事．
③ 奥尔加·博德洛．研讨会记录．政府公报，特刊 1 号，2002 年 2 月．

日后申请哈佛大学这样的顶尖名校做准备。教育从娃娃抓起，这种趋势越来越明显。

∽ 我的建议 ∾

　　法国政府为孩子们提供了优越的教育环境，但家长们还是应该积极参与到子女的教育中。对于特别小的孩子，托儿所是一个更合适的选择：不要急着把孩子送到幼儿园和学校，在那里自由活动时间少，对孩子的看管也少，他们并不会比在托儿所里学到更多的东西！3 岁以后，如果可以，只让孩子上午去幼儿园，直到他要求在幼儿园里待更长的时间……一切都要慢慢来。

小学

"他会跟我一样上公立小学！"
"我们要上圣路易·德·贡札格学校！"

　　19 世纪，有远见的政治家朱尔·费里提出法国学龄儿童必须接受小学阶段的义务教育，法国人至今还信赖这样的公立学校。家长们想让孩子在混合制学校了解各种各样的文化，尊重穷人。曾经，法国的学校在世界上名列前茅，但很快法国的课程设置就变成了基于成绩对学生进行选拔，然后分类：只有取得优异成绩的孩子才能进入好的中学。希望人人平等的理想总是与现实相冲突：有些孩子需要更加严格的教育，更加个性化。"我们的社会还不够开放，教育制度还不够因材施教，那些天赋异禀的孩子、来自移民家庭的孩子、残疾的孩子，或仅仅有点特别的、脆弱的孩子，他们不能够获得适合自己的教育方式，这样的孩子很多。那些不能达到学习标准的孩子，被过早地认为是失败的，被放弃。他们就只能复读。"[1] 调查显示，58% 的家长认为现在的教育制度不能满足他们的期望。[2] 而且，

---

① 玛丽-罗斯·莫罗．关爱这里和其他地方的孩子，跨文化故事．
② CSA 开展的调查，在 RTL 电台广播，2013 年 8 月 27 日．

为了使孩子更有教养，大多数当年在私立学校学习的家长，通常是天主教学校，想把自己学到的价值观传递给孩子。结果：五分之一的孩子或早或晚会进入私立学校学习，而在巴黎，若想进入私立学校，是要排队的。同时，不上学，而在家中接受教育的模式也在迅速发展。

∾ 在其他地方是这样的 ∾

经济合作与发展组织的研究显示，越来越多的发达国家可以为孩子提供更好的教育，孩子们的理解能力不断提高，然而法国学生的排名却在逐年下降。在芬兰、比利时、荷兰、瑞士和挪威，学生理解文章、解决问题和做题能力都更强了，当然了，还包括第二外语的水平。然而，这个排名是包含各个社会阶层的综合结果。研究显示，法国的精英阶层依旧高居榜首。这证明了家庭教育的重要性和国家公立教育的局限性：家长的受教育程度越高，子女的学习成绩通常越好。

∾ 我的建议 ∾

教师队伍一时不会改革，家长们要密切关注孩子的学习情况，在力所能及的范围内为孩子提供一个学习英语的语言环境（如：到英语国家旅行学习、雇用会说英语的外国保姆、看英文电影），尽量帮孩子申请一所好学校。在子女教育这件事上，家长付出的时间和金钱都是最好的投资，社会分层也因此日益加剧。

教学节奏

"孩子们放学时，我们还没下班，怎么办？"

法国是世界上上课天数最少和假期时间最长的国家，这还不算考试季和开学季。每逢考试季，课时会缩短很多。新学期开学的那几天，主要是熟悉本学期的活动安排，通常不会正式上课。

所以，法国的孩子们正式上课时，课程安排很密集，他们需要在最短的时间内掌握所学知识。国家教育部尝试改革教学节奏，但改革与社会工作节奏相冲突……在公司里上班的家长们会问："如果孩子放学早了，我们该让孩子去干什么？"——法国人都下班很晚（午餐时间很长）。

∾ **在其他地方是这样的** ∾

与法国相比，芬兰、瑞典和德国的孩子每天上课的时间更短，但上课的天数更多，这样一来全年上课的时间更平均。为了和孩子的课外时间保持一致，要么是妈妈们牺牲事业或少要孩子，要么是公司根据员工的个人情况调整工作时间，就像在很多北欧国家一样。在改革教学节奏的同时，一定要考虑到家长们的生活节奏……

∾ **我的建议** ∾

我们要尽可能让家长兼顾家庭和事业，而且要保证孩子的权益。用人单位在这方面要给予家长更大的帮助。而父母之间也要商量好，一个人早点下班，一个人晚点去上班，还可以请祖父母帮忙，这些都可以解决孩子放学早的问题。

拼写

"拼写是一门技术活儿。"

法语的语法规则十分复杂，标准的法语是受到良好教育的首要标志。虽然家长和老师们费尽心思教孩子各种语法规则，避免引起他人不理解或误会，但如今的孩子们更喜欢发信息，而且只按照发音想当然地拼写，还好孩子们很快就能分清什么时候要正式地书写，什么时候只能给朋友发信息。

∽ 我的建议 ∾

在法语沟通中，提高书写水平是十分重要的。不要只让孩子做听写，也可以让他在专门的网站上做练习。有一些网站十分好用，能让孩子轻松掌握书写规范。如果孩子确实有拼写方面的困难，医生会建议他去看言语矫正师。

作业

"每天晚上都崩溃！"

虽然法国经过了数次"教改"，但在欧洲，法国学生仍然是上课天数最少的，也是每天上课时间最长的。在教师游说团、家长、旅游业者、学前教育者等多方的压力下，历任教育部长都在进行改革。

理论上，禁止给学生留书面作业，但遭到了家长反对，他们认为孩子通过写作业，可以在短时间内巩固所学知识。在很多法国家庭，孩子回家后，要复习学校的课程，有时会写作业写到很晚，这打乱了正常的家庭节奏。美国作家帕梅拉·德鲁克曼曾经这样描述法国家长："他们只关心孩子学得好不好，却不会纠结于成绩。"[1]然而事实上，这样的教育理念早就过时了。随着社会失业率不断攀升，法国父母的担心也随之加剧，在孩子很小的时候就会培养他们面对未来的核心竞争力。

∽ 在其他地方是这样的 ∾

很多专家学者比较过世界各国孩子做家庭作业的时间。这样的研究不够全面，还应该把学生在学校的时间算上："比如，日本学生的家庭作业比北美的学生少。但日本的学生和老师在学校的时间更长，日本的学校教育得到了更多的资金支持。"[2]

---

① "最好的母亲，就是我们！"帕梅拉·德鲁克曼访谈.
② "少量作业确实行之有效。"www.aboutkidshealth.ca.

北欧国家规定，6~11 岁的学生，下午两点放学。除了作业之外，孩子们把更多的时间放在了运动或者艺术上。教师更愿意留随堂作业，而不是家庭作业，每天的家庭作业不超过 30 分钟。

✥ 我的建议 ✥

的确，对于大多数的孩子，做家庭作业对学习是有帮助的。牛津大学的一项研究表明，作业和学习成绩之间的确有关联。这是教育学教授帕姆·萨蒙斯经过长达 15 年调查研究得出的结论。然而，一切也要取决于家长是否有辅导孩子做作业的能力……同样，"在欧洲各国，关于作业的争论一直存在，作业的问题的核心在于家庭之间的不平衡，而家长的个人素质是导致这种不平衡的根源。这一现实是法律无法解决的。"[①]

假期练习册

"有一点愧疚……"

放眼欧洲，法国孩子的假期最长。这个传统要追溯到从前，9 月份是收获葡萄的季节，家里正需要人手干活儿。同时，法国父母也最热衷买假期练习册。家长们总是担心孩子在假期贪玩，担心孩子开学之后落在别人后面，他们把全部希望寄托在了这本练习册上。学霸级别的孩子一边玩就把作业写完了，成绩平平的孩子在父母的帮助下也能勉强完成，至于那些不爱学习的孩子，这就像是一种惩罚。法国孩子度假的时候也会带着假期练习册，前面十几页他们还能耐着性子写写，后面就写不下去了……孩子的心思早已飘到大海上，他们索性把练习册一扔，穿起泳衣，扛起渔网——下海抓蛤去喽！假期练习册就像埋在心底的愧疚，每次都是开学前才从箱底翻出来。

---

① "欧洲家庭作业调查。" fr.myeurop.info，2012 年 4 月 2 日.

∞ 我的建议 ∞

假期练习册有一个很重要的作用，那就是可以帮助家长安排孩子的假期学习生活，不会让 7 岁的孩子做除法，或让孩子们看一些他们读不懂的东西……最好在乡村小屋度假时，督促孩子集中做练习册，避开夏令营的时间。外出旅行时，每天早餐结束后是孩子一天中注意力最集中的时间，可以用来写练习册。家长要有耐心，寓教于乐，不要一味批评孩子。很多家长总是批评孩子，孩子会很压抑。多给孩子一些自由玩耍的时间！假期里，正是孩子可以通过其他方式学习的好机会。

成绩

"你的听写得了几分？"

每次测试或听写之后，家长们都会这么问。

家长们认为，通过考试可以了解孩子的学习情况，可以帮助孩子查漏补缺，下次做得更好。每个孩子都渴望考个好成绩，博家长一笑，每个孩子都担心自己考得不好。人们尝试用字母打分，取代数字打分，但这并没有什么效果，家长们还是很清楚 A^- 要比 B^+ 好。孩子们的考分，就是家长的"命根"。

∞ 在其他地方是这样的 ∞

在芬兰，学校从中学开始才给孩子打分。"从 13 岁开始，给孩子打分，最低为 4 分，最高为 10 分。4 分意味着不及格，孩子没有掌握相关的知识。一位叫保尔·罗伯特的法国中学校长认为，没有必要给孩子打更低的分数。4 分往上表示对知识不同的掌握程度。一次没考好不要紧，孩子们补考，不影响他接下来的学习。"[1]

---

[1] 芬兰的学校. lesvendredisintellos.com, 2012 年 4 月 14 日.

❧ 我的建议 ❧

不要刻意隐瞒孩子在学习上遇到的困难。即使没有成绩打分，孩子们自己也会做出评估。从孩子学会阅读开始，就能看出他们在学习上是否感到吃力。多观察孩子的日常表现，肯定他们一点一滴的进步，必要的时候，可以给孩子报个辅导班。

分数

"分，分，学生的命根。"

作为超级学霸——帕斯卡和笛卡儿的后代，法国家长特别注重分数、排名和比较。从幼儿园开始，他们就会互相攀比孩子们"学会的""没学会的"和"正在学的"能力。上小学后，有相当一部分孩子不敢把分数告诉家长，因为害怕被骂或被惩罚。虽然法国家长也会安慰孩子说："一次没考好，不要紧。"但他们只是用这些口是心非的话来掩饰内心的失望罢了。中学生不愿意让家长看成绩单，是因为不喜欢被评头论足，这种对个人能力的评判方式让他们很不自在。自从学校把成绩发布到网上查阅后，孩子们的烦恼更多了，谁也别想蒙混过关。家长可以直接和学校联系，孩子不能模仿家长签名了，也不能在 5/20 前面加个"1"，改成 15/20 了。然而很多家长不会通过这种方式直接和老师联系，他们还是选择相信自己的孩子。

❧ 在其他地方是这样的 ❧

在法国，在孩子很小的时候，家长就十分重视他们的学业，他们认为老师的打分反映了孩子的能力。这在其他国家是很少见的。虽然亚洲的教育评价体系更为严格，但那是针对那些更大一点的孩子；盎格鲁－撒克逊国家的教育评价体系更加多元，除了认知能力，也很重视孩子在体育、社会协作等方面的表现。

❧ 我的建议 ❧

及时了解学校对孩子的打分情况，是必要的。每个家长都有望子成龙的殷切期望，但不要让它摧毁孩子的自尊心。在看成绩单的时候，要对照班级平均成绩来看自家孩子的成绩。这样，你就会知道孩子在全班的大概名次。同时要注意安抚孩子的情绪，孩子考砸了不开心，家长就不要再给他施加压力了，不妨跟他一起找找原因："这次嘛，估计是你没发挥好！"因为事实就是这样，发挥失常是常有的事！等孩子情绪平稳后，再和他一起把知识点梳理一遍，查漏补缺。

留级

"我要去找教育委员会申诉。"

在法国教育体系中，妈妈对留级这件事讳莫如深。妈妈们像母狼一样保护着自己的孩子，尽力不让孩子受到留级的摧残。留级就像一把达摩克利斯之剑，悬在每个法国中小学生的头上，一想到如果无法得到老师的认可，就要和比自己年龄小的孩子成为同学，孩子们就十分担忧。

越来越多的人认识到留级是很低效的，有损孩子的自尊心。越来越多的人呼吁废除留级制度，然而，家长们还是被这件事所困扰，每次看到学校给孩子的评语，他们都担心孩子会不会被勒令留级……

❧ 在其他地方是这样的 ❧

北欧国家没有复读这种情况。近 10 年来，根据经济合作与发展组织（简称"经合组织"）的调查显示，北欧学生的成绩更好。

❧ 我的建议 ❧

是的，家长们有理由抵制留级。作为父母，我们应该多关注孩子的学习情况，及时发现孩子在哪些方面有困难，多和老师交流，或去看医生，进而找到问题的根源，对症下药，让孩子跟同龄的孩子一起学习，发挥其自身潜力。

阅读

"你有没有继续读那本书？"

良好的阅读习惯，是对孩子最好的教育。当孩子无聊的时候，最适合用读书打发时间了。孩子总会有的读，也许是学校推荐的书目，也许是与父母一起挑选的更能提起他们阅读兴趣的书。法国家长会经常督促孩子看书。

❧ 我的建议 ❧

家长要有亲子阅读的意识，总有一天孩子会自发地拿起一本书，真正爱上阅读。当孩子对某一本书不感兴趣的时候，可以给他看其他的书。大多数城市都有图书馆，所有的孩子都应该去注册。阅读习惯是相互影响的，而不仅仅是在床头柜上象征性地摆一本折角的书，用来时刻提醒孩子："你得看书！"

画画

"他画的小人不完整！"

法国很重视孩子的艺术教育。法国妈妈珍视孩子的每一次涂鸦，她们会留意孩子在不同阶段画的小人有什么变化。幼儿园经常会把所有孩子的画展示出来，甚至印在布上，供家长们作为纪念品保留起来……如果孩子画的画表现出与年龄不相称的不成熟时，老师会及时告知家长。

∾ 我的建议 ∾

不要批评孩子的画，不要修改他的画，也不要让他重新画！当孩子视若珍宝的画被批评甚至被撕毁以后（绝不要这么做），他们很容易产生表达障碍。我经常跟这些孩子说，我非常喜欢那些失败的画。

课外活动日

"很遗憾，自从改革后，
每个周三学校都要上课，以前他可以玩上一整天。"

法国家长坚信孩子天生是梦想家。当孩子还很小的时候，家长们就会在地上摆一排小人，让孩子尽情发挥想象。如果孩子不感兴趣，他们就会担心地问医生："医生，他怎么不会自己玩呢？"所以，法国家长向来鼓励孩子参加每周三的课外活动，尽情发挥想象力。

然而，教育部现在取消了每周三的课外活动，这令很多法国家长感到惋惜。孩子们周三要照常上课，家长们一时难以在时间上进行协调。

在法国，一些课外活动是不允许家长陪同的，比如舞蹈课和柔道课，家长不能旁听。为了使孩子尽早独立，家长们也自觉遵守这个原则。

∾ 在其他地方是这样的 ∾

美国妈妈会用各种各样的课外活动填满孩子的日程；在亚洲，中国和日本妈妈在子女教育中扮演了重要角色。在非洲和大洋洲，孩子会在"家庭裙带"的照顾下度过假期，比如祖母、姑姑、姐姐等。他们通过模仿和比较来学习，这使他看起来很会"抖机灵"。然而，这些孩子长大后要面对的世界是大不相同的！

∾ 我的建议 ∾

法国父母应该意识到，一整天的课余活动或幼儿园的集体活动会让孩子感到筋疲力尽，因为他们要面对一些好斗的小伙伴。晚上，单独和父母在一起的游戏时间是必要的。不要催促他做日常的事情——整理房间、做作业、洗澡、吃饭、睡觉……不要不停地说"快点快点！"孩子需要和你独处的时间。

自然课

"妈妈，别担心，我很快就回来了！"

上小学后，每个学校都会组织一次为期几周的"自然课"。全班出游可以让孩子们亲近大自然，去了解平日里没有机会了解的雪、沙滩、乡村等，老师还会围绕相关主题进行教学。当然，这并不是唯一的目的，自然课还可以在最受孩子们欢迎的街区里上。自然课的目的在于培养孩子的独立性，让他们在没有父母帮忙的情况下，学会生活自理，包括睡觉、起床、上厕所等。

∾ 我的建议 ∾

首先，在课程开始前，家长要耐心听听孩子的真实感受。其次，家长可以和孩子一起做课前准备，了解课程的大致内容，从而调动起他们的好奇心。如果你感到孩子没有准备好，就不要强迫他。老师们会对此表示理解，孩子可以留在学校，和其他班级的孩子一起上课。有的孩子第二年就会好很多，每个孩子的情况都有所不同。法国教育倡导孩子独立，但同时也会尊重家长的意愿。

制服

"今天，要穿制服上学吗？"

　　为了抵制社会不平等和社区主义，经常有人提出要像以前一样让孩子们统一穿制服。这个提议不切实际，每个家长都希望按照自己的想法打扮孩子。不过，孩子上学后最好还是统一着装。刚进入中学的时候，家长和孩子经常因为穿衣服的事发生争执。很多服装品牌都有童装，关于童装的广告铺天盖地，覆盖的用户群体年龄越来越小。但法国的爸爸妈妈特别抵制这种广告。

∽ 我的建议 ∽

　　给孩子选择衣服，既要考虑到法式的穿衣品位，也要考虑到孩子的舒适性，不要束缚孩子的身体。我希望童装设计师们多设计一些足够宽松的衣服，前面最好有扣子，T恤衫不要都是套头的，毛衣的领口要足够大……而且，最好能把很多层衣服设计成一件，方便穿脱。至于衣服的颜色，当然可以"有法式好品位"。

食堂

"可是，食堂的饭很好吃呀！"

　　法国的小学生在食堂吃饭。食堂有固定的菜单，饭菜也是精心搭配的。此外，家长和老师一致认为，食堂是孩子们的社交空间。孩子在食堂里和同学们一起吃饭，饭后一起玩耍。在巴黎，孩子每天会在食堂里度过一小时到一个半小时。小伙伴之间难免发生争吵，这种时候他们就会以食堂的饭不好吃为借口，拒绝去食堂。因为他们觉得这个理由更容易被家长接受……

∽ **在其他地方是这样的** ∽

在其他一些国家，家长们会在前一天晚上准备好孩子的午餐，装在饭盒里。到了中午，因为午休的时间很短，孩子们就直接吃饭盒里的冷饭。这就预示着，他们长大以后，吃饭的时间和地点会越来越不固定。

∽ **我的建议** ∽

当孩子们有朋友的时候，他们会很喜欢在食堂吃饭。如果你的孩子讨厌食堂，那你首先要问问老师，孩子和同学们的关系怎样……因为，这一般都不是因为食堂的饭不好吃！有一些孩子会嫌食堂太吵，公共食堂里确实隔音都不是很好。

不用担心孩子吃不饱。通常情况下，即使中午偶尔没吃饱，下午茶时间也可以好好补充一下能量。

要注意孩子的饮食健康。食堂的工作人员会严格控制孩子的盐的摄入量：每个孩子每餐吃几克盐，绝对不能超标！快餐店的食物普遍太咸，时间长了会破坏孩子的味觉，在食堂用餐对他们的身体有好处。

很多孩子会埋怨食堂的饭菜不好吃。有趣的是，若干年以后，当他们长大了，食堂会勾起他们很多美好的回忆。

第 *13* 章

原生家庭对孩子的影响有多大

"我知道他需要他的爸爸……"

"爸爸不是凶神恶煞的妖怪！"

"我可以剪脐带吗？"

"不许这样跟妈妈说话！"

"我得告诉你，我可是一个'新型祖父'！"

"喔，不，祖母可不行！"

"男孩说话都晚，这很正常！"

"现在的女孩要比从前幸福多了！"

"'宝宝是一个人'？我们家老大可不这么认为！"

"双胞胎，不是双倍的精力，而是精力的平方！"

"现在是爸爸和妈妈的约会时间！"

"如果孩子没有爸爸，怎么办？"

"永远不要嘲笑孩子用面条做的项链！"

"我们该怎么跟孩子说？"

"家长们放心地把孩子托付给我，是我的荣幸。"

"必须学会和另一个家庭相处融洽。"

爸爸的位置

"我知道他需要他的爸爸……"

社会的变化（女权主义、新手爸爸照顾孩子、社会承认同性恋婚姻、继父的地位）会动摇父亲在家中的地位，他不再是制定规矩的那个人了。

但家长们还是意识到，父亲在孩子的成长中扮演着重要角色。法官在审理离婚案件的时候，会尽量帮父亲争取孩子的监护权。尽管很多父亲抱怨孩子不愿意亲近自己，但当夫妻分开的时候，已经有越来越多的母亲考虑到这一点了。

❧ 在其他地方是这样的 ❧

在很多地方的风俗中，父亲在孩子早期的教育中是被边缘化的。

"美拉尼西亚是一个父系制度的社会，但孩子从小由舅舅陪伴长大。舅舅是抚养孩子的主力军。[1]"

在塔希提人的语言中，metua tane 这一个词既指父亲，也指父亲的兄弟。

❧ 我的建议 ❧

以往，我们喜欢把责任归咎于母亲，认为是她们太黏着孩子，想占有孩子，以至于父亲角色缺失。我可以证明，除了个别母亲，大部分人还是很希望父亲参与到孩子的成长中的。但要想在孩子成长中占有一席之地，父亲要对母亲有起码的尊重。当然了，尊重是双向的。这就是为什么我建议夫妻在关系破裂的时候，一定不能跳过专业调解这一步的原因[2]。

---

① 米雷蒙·福特.造型艺术的异质性.
② 艾维吉·安提耶.我的爸爸去哪啦.罗伯特·拉封出版社（Robert Laffont），2012 年.

新式父亲

"爸爸不是凶神恶煞的妖怪！"

在法国家庭中，父亲是一个拿破仑式的人物。民法典赋予他独一无二的权威，包括教训孩子的权利。随着法律的发展健全，父母都有了对孩子的权威。父亲的角色受到大家前所未有的关注，包括心理学家、社会学家、教师、法官等。特别是新式父亲，他们更加温柔，而不是凶神恶煞。他们接受新的理念，主动休育儿假，愿意给宝宝洗澡和喂奶，他们会送孩子去托儿所，陪孩子散步，一局又一局地陪孩子玩"大富翁"的游戏……

然而，父亲还是把大部分家务和辅导功课的事交给了孩子的妈妈。孩子生病的时候，妈妈不得不请假照顾孩子……父亲们仍然要求保留权威。

法国的新式父亲就是这样一个综合体，既有法国帝国时期大家长的影子，又像瑞典的父亲一样崇尚平等。父亲在家中的角色有所改变，但大家现在比以往任何时候都认同父亲的重要性。

❧ 在其他地方是这样的 ❧

在马约特岛的习俗里，父亲是不能进产房的，但"他要把胎盘埋在自己家的院子里。如果他感到恶心，别过头去不看，孩子以后就会患斜视！"[1]

在新几内亚，在孩子长牙之前，父子不能相见。[2]

在科特迪瓦，"产妇生完孩子后，在重新来月经之前禁止有性生活，她的姐姐们会保证她不顾丈夫的要求，专心喂养宝宝。"[3]

❧ 我的建议 ❧

在法国的教育中，父亲的角色得到重视，这是一件非常好的事情。父亲比以往更加和

① 让－克里斯托夫·赫伯特．奥迪尔·赫伯特．
② 玛丽－奥迪勒·梅涅克（主编）．过去的婴儿．2011 年．
③ 克罗蒂·阿格泽尔．科特迪瓦古罗人新生儿的照顾．梳洗及取名风俗．

蔼，愿意花更多时间陪伴在孩子身边。同时，父亲在家庭中的重要性和权威性，是建立在他对母亲的关爱和尊重的基础上的。所以，我向议会提出了这样的提案：夫妻双方在离婚之前，必须进行婚姻调解。夫妻和睦，是保证父亲在孩子成长中占有一席之地的良方。

准爸爸

"我可以剪脐带吗？"

准爸爸在妻子第一次做B超的时候就听到了宝宝的心跳，他会参加每一堂胎教课，隔着妈妈的肚子摸到宝宝的小脚，他还会陪产。在现代化的妇产医院，比如在巴黎克拉玛尔（Clamart）医院，有专门的男士更衣室，待产室里还有按摩浴缸。但敏感脆弱的准爸爸通常会站在妈妈头的这一侧，男助产士会在产床前面，他们看多了生产的画面，更能接受宝宝出生时的样子……

一些爸爸会录像，记录下宝宝这一特殊的时刻，他们害羞地躲在摄像机后面，亲眼看着孩子出生……

越来越多的医院邀请爸爸剪脐带，给宝宝洗第一次澡。爸爸们笨手笨脚地抱着宝宝，把他放在妈妈怀里，和妈妈一起分享此时激动的心情。当然，助产士会全程陪同，以防宝宝从爸爸手中滑落——第一次当爸爸总是很激动。为了陪在妻子和新生儿身边，爸爸早早向公司请了产假……

∽ 在其他地方是这样的 ∽

在很多地区，比如马里的多贡地区和科特迪瓦的一些地方，准爸爸是要远离产妇的，而且产妇是坐着或蹲着分娩的。

在日本，按照习俗，"准妈妈要回娘家生孩子，由她母亲照顾她……因为在日本，生孩子是女人的事情，男人不参与。孩子出生以后，产妇还要在娘家休息一段时间，然后才回到自己家，给爸爸看看宝宝。虽然很多人开始不这样做了，但爸爸们和宝宝亲密相处的时间有限。宝宝出生时，爸爸没有产假。如果爸爸想陪产，医院还要收取附加的费用……"①

从前，据说法国的王后在大庭广众下分娩，毫不顾忌隐私，只为证明这个未来的继承人是合法的。

⚬ **我的建议** ⚬

我在产房工作了 20 多年，见过很多爸爸从抗拒陪产到受到鼓励留下来。我认为，每个男人都应该经历这个特殊的时刻。根据个人心理承受能力，他可以选择合适的陪产方式，可以在生产全程中，与妻子寸步不离，也可以在孩子出生时在产房外守候。不能用是否进产房陪产，界定他是不是一个好父亲。有一点是确定的，他在产房附近，这就够了。

产妇躺在产床上时，非常依赖医生，她的丈夫是非常重要的对话者。如果产妇是剖宫产，产后行动多有不便。爸爸是孩子出生的见证人，更是母子俩最重要的照顾者。多亏了孩子的父亲在场，让产妇不至于孤立无援，也让宝宝出生的故事有了记录者。

妈妈

"不许这样跟妈妈说话！"

法国爸爸经常用这句话维护妈妈在家中的权威。即使夫妻分开了，爸爸也会这么说，表示爸爸继续尊重妈妈。在法国人的家庭观念中，孩子从小被教育要尊重妈妈。尽管我们的社会不断进步，妈妈们还是在日常家务中处于一线——负责孩子的作业和课业，孩子生病的时候要请假照顾他，孩子到了青春期以后和他说知心话……一般到 25 岁，孩子才会在社会上有一席之地，而妈妈们要在这之前培养孩子自立。妈妈们身兼两个角色，她是一个女人，也是一个孩子的妈妈。

---

① 日本父亲的地位. www.leblogbebe.com.

❧ 在其他地方是这样的 ❧

所有的文化都宣称尊重母亲，犹太文化更是母性崇拜的典范。犹太法典中讲到，犹太教士塔尔丰（Tarfon）曾弯下腰，让母亲踩着上下床。[①]

❧ 我的建议 ❧

家长们应该保持尊重母亲的传统，虽然在当代法国母亲的权威有所削弱：一些年轻人受精神分析研究的影响，喜欢将自身的问题归咎于母亲；离异家庭越来越多，这使得孩子们很少听到爸爸提醒他们"不许这样跟妈妈说话"；有的亲戚朋友经常当着孩子的面指责他的妈妈，这会让妈妈在孩子前面失去权威。

相较于以诋毁父母为乐的社会，建立在尊重父母基础上的社会要健康得多。长大成人以后，我们当然不应该屈从于母亲，但我们应该对母亲表现出宽容，她是一个完整的人，肯定是不完美的，但她赋予了我们生命。

祖父

"我得告诉你，我可是一个'新型祖父'！"

每每回忆往事，他们都非常后悔错过了子女的成长。在传统的男主外女主内的家庭模式中，女性带孩子做家务，男性只考虑工作挣钱……如今，来诊所看病的孩子中，有相当一部分是由祖父陪同的。他们很愿意照顾孙子孙女，对孙子孙女的健康成长十分重视。

❧ 在其他地方是这样的 ❧

包括法国在内，很多国家和地区都重视代际之间的传承。为了让孩子们知道自己的家族历史，美国人提倡给孩子"讲父母的故事，讲祖父母的故事……一直讲到他们的祖先"。[②]

[①] 塔木德. 犹太法典. 31b.
[②] 尊重大自然. amerindien.e-monsite.com.

∾ 我的建议 ∾

不要错过任何能使你的人生有意义的事情：把你的爱好、你的能力、你的学识都传递给你的孙子孙女吧，还有你的慈祥！

祖母

"喔，不，祖母可不行！"

在法国社会中，祖母们的形象不是太好，她们喜欢对孩子一手包办，思想陈旧不讲科学。我的老师马莱教授曾经说过，"要想好好给孩子看病，必须让他的祖母出去！"在医药学领域，人们普遍认为祖母是不合格的；心理学学者也认为祖母们会打扰年轻人的生活。我本人，曾经带着我的孙女去一家大医院看急诊，却被拒之门外。当孩子的父母不能尽到监护义务的时候，有关部门也倾向于把孩子送到育儿机构，而不是祖母家……

此外，大部分祖母都是退休人员，他们从心底里也不想带孙子孙女，更想好好享受晚年。结果是：当祖母们陪着年轻父母来给孩子看病的时候，她们总是贴着墙走，避免被注意到。由祖母带大的孩子，小时候建立起来的亲密情感是坚不可摧的，代际关系和家庭关系也会得到巩固。随着父母离婚率的增高，越来越多的母亲重返职场，祖母们成了带孩子的主力军。在法国的家庭教育中，祖母们显得越来越重要。她们从不被认可到参与其中，已经有了很大转变，然而还远远不够……

∾ 在其他地方是这样的 ∾

在布基纳法索有这样的问题，来自西方的健康习惯常常与祖母们的建议相冲突："医护人员给年轻妈妈的医嘱，需要告知祖母，避免妈妈们在护士的医嘱和祖母的建议之间两难。"[1]但印度的研究显示，当祖母们参与照顾孩子时，孩子夭折的概率会小得多。在当

---

① 多里斯•波涅，多里斯•波奈，洛朗斯•布尔歇（主编）. 从儿童的照料到习俗.

今的中国,祖母们的作用更是显而易见: 妈妈们要工作,而且中国还有独生子女的政策(2016 年 1 月 1 日,独生子女政策终止),这使得中国的小孩非常珍贵,特别受祖父母的宠爱。

❧ 我的建议 ❧

祖母们的育儿观念要跟着时代走。当然了,个别祖母带孩子确实会有这样那样的问题,但是实际负面影响绝对比你想象得少。祖母们可以帮助父母分担很多,他们时间宽裕,舍得给孩子买东西。每个人的能力不一样,家长们可以让祖母们适当参与下一代的教育,不要对他们百般苛责。我也要对祖母们说: "少评价,多分担。"我的外孙子卢瑟就曾经问我: "你为什么要听我妈妈的呢? 她是你的女儿啊。"因为他发现我会遵守他妈妈给他定下的规矩,虽然我不一定赞成这些规矩。祖母的地位可能是卑微的,但当孩子们来看望你的时候,没有什么比这更欣慰的了⋯⋯

男孩

"男孩说话都晚,这很正常! "

当第一个孩子降临的时候,大多数父母不会在意是男孩还是女孩。接下来再要孩子的时候,父母们则希望是男女穿插开。市面上,那些声称可以决定宝宝性别的食谱多如牛毛⋯⋯幼儿园的教育提倡男女平等,人们编写教材时也主张男女平等。

然而,人们都承认男孩比女孩说话晚,他们更倾向于打架而不是沟通。男孩们比较不爱学习,更加有攻击性。在儿童心理医生接待的孩子中,男女比例为 181 ： 100,需要住院治疗的男女比例为 238 ： 100。[1]进入高等院校后,性别差异出现了反转。无论是学校社团,还是在职场,男孩都更有优势,在领导岗位上男性占绝大多数!

---

[1] 玛丽－罗斯•莫罗. 关爱这里和其他地方的孩子, 跨文化故事.

∾ 在其他地方是这样的 ∾

在大部分地区，人们都渴望生男孩。在马约特（Mayotte），生男孩是很重要的，"为了生男孩，即使多怀孕几次也在所不惜……"①在中国，尽管伟大领袖毛主席在1949年提出了"妇女能顶半边天"的口号，但重男轻女的思想根深蒂固，有的女性知道自己怀的是女孩就选择流产，以至于中国社会科学院对男女出生率不平衡表示担忧。随着独生子女政策的放开，男女比例失调的情况有所缓解。"在成都工作的四川籍精神分析师霍大同认为，以前中国人认为生男孩才能传宗接代。近年来，这一观念有所改变，女孩的社会地位不断提升。"②

∾ 我的建议 ∾

根据我的观察，母亲或其他照顾孩子的人（通常是女性），在给宝宝换尿布的时候，跟女孩儿交流得要比跟男孩儿交流得多。我认为这是导致男孩语言发育晚的原因之一……试着跟男孩儿也多做语言互动，你也许会发现，男孩女孩之间在这方面的差距并没有那么大！

女孩

"现在的女孩要比从前幸福多了！"

随着女性地位的提升，家长们开始这样认为，并且在生宝宝的时候不再重男轻女。女孩比从前更能掌握自己的命运，而且和父母更为亲密。

∾ 在其他地方是这样的 ∾

在大多数地区，男女依旧是不平等的。具有多元文化背景的儿童心理学家莫洛观察到：

---

① 马布兰契·达雷. 马约特岛人的日常生活. 哈麦丹出版社（Harmattan），1990年.
② 在中国，女孩无足轻重. www.la-croix.com，2010年3月7日.

"虽然每个地方都不尽相同，但脆弱的女孩都面临着十分严酷的环境。小女孩的处境要比小男孩困难得多。除了性暴力，更为常见的是日常家庭生活中的虐待。" ①

❧ 我的建议 ❧

虽然不会再让女生学裁缝之类的，但家长们还是要留意女孩在学校里学的课程。无论社会如何进步，成绩还是会不平等，老师还是会引导男孩学习科学类的学科——社会地位更高、未来收入更好的学科，而女生则常常被建议学习文学类专业。

弟弟、妹妹

" '宝宝是一个人' ？我们家老大可不这么认为！"

法国很少有独生子女。法国人认为独生子女家庭不利于孩子的成长，一般当老大2岁的时候，他们就准备要老二了。老大有了弟弟妹妹，难免心生嫉妒，法国家长认为这很正常。他们对老大流露出来的嫉妒情绪表示同情与理解。老大出生时，爸爸妈妈会给他一个布娃娃，让他提前体验当哥哥或姐姐的感觉。弟弟妹妹出生后，不管老大如何发泄情绪，爸爸妈妈都不会苛责他。有时，老大故意使劲亲一下弟弟妹妹，把他们惹得哇哇大哭，爸爸妈妈也不会生气。他们会爱怜地说："看哪，这个小家伙瞪着大眼睛，什么也不懂，什么也不会，不会说话，不会走路，不知道干净，不会自己玩……但他有哥哥（姐姐）呀！"

❧ 在其他地方是这样的 ❧

中国曾经在相当长一段时期内实行独生子女政策，这造就了很多中国"小皇帝"，然而，他们不过是负重前行。作为全家人唯一的希望，很多中国妈妈成了蔡美儿那样的"虎妈"。②

① 玛丽－罗斯·莫罗．关爱这里和其他地方的孩子，跨文化故事．
② 蔡美儿．虎妈战歌．

她们将所有精力投入到孩子的教育中，陪着孩子练琴一练就是好几个小时，限制孩子的正常社交。为了让孩子成为社会精英，她们对孩子要求十分严格，不惜一切投入。这使得很多独生子女走向了极端：要么屈从于爸爸妈妈的权威，成为父母意愿的产品；要么极端叛逆，处处与父母对着干。

不过，近年来中国的独生子女政策有所松动（现在，中国实行鼓励生育政策）。

∾ 我的建议 ∾

兄弟姐妹可以平衡独生子女在成长中的情感空白。但请不要赤裸裸地跟老大说，你生老二纯粹是为了他好，让他有弟弟或妹妹做玩伴。这会让他从内心非常排斥家里的新成员。记得弗朗索瓦兹·多尔多说过，"宝宝是一个人"。她建议家长这样安慰老大："小宝宝没什么有趣的，这不过是为了给妈妈打发时间。"另外，要适时对老大提出肯定，多带他去公园找其他小朋友玩，让他体会到玩伴的意义。……在照顾老大这件事上，爸爸们的优势是显而易见的，他们精力充沛，可以陪他们尽情玩耍。

双胞胎

"双胞胎，不是双倍的精力，而是精力的平方！"

一位双胞胎父亲对此深有体会！随着不孕不育治疗手段的进步，法国双胞胎的出生率大大提高了。这是一些治疗方式的必然结果，并不是医生草率。如今的父母和上一代恰恰相反，他们注重双胞胎孩子的个性培养。他们不给两个孩子穿一样的衣服，上学之后也不让他们在一个班里。

∾ 在其他地方是这样的 ∾

希腊神话中的阿波罗和阿耳忒弥斯，罗马神话中的罗慕路斯与雷穆斯，都赋予了双胞胎超自然的能力。在大部分地区，双胞胎都是力量的象征，预示着好运。"在西非，人们认为孕育龙凤胎的妈妈（非洲人认为龙凤胎才是真正的双胞胎，而西方人并不这样认为）是上帝的选择，让她生育伟大的人物，成为关注的焦点。"[1]也有一些民族对此很担心，他们认为双胞胎有"双重视觉"，他们无所不知。

∽ 我的建议 ∾

当双胞胎刚刚出生的时候，大家都会来帮助年轻的父母，但其实对于父母来说最难的时期是 1~3 岁这段时间，而这经常被忽视。幸运的是，在法国，幼儿园会优先录取双胞胎！

爸爸妈妈的约会时间

"现在是爸爸和妈妈的约会时间！"

在法国，一个妈妈首先是一个完整的女人：她对子女的教育非常投入，同时也不会忽视夫妻生活。她会时常把孩子托付给祖父母照顾，给自己放个小假和伴侣独处。这样有助于女性保持优雅，也能重新发现彼此身上的闪光点，从而让夫妻关系更加和睦……除了工作和照顾孩子，法国女性也很注重自我放松……

∽ 在其他地方是这样的 ∾

美国人帕梅拉·德鲁克曼十分欣赏这种维护夫妻关系的能力："法国女人不会让孩子占据她们全部的时间！他们会规定'爸爸妈妈的约会时间'，在美国是没有这种说法的。每天晚上，爸爸妈妈都会跟孩子强调：现在是'大人的时间'哦，你最好自己玩一会儿。几乎所有我认识的法国父母都有属于自己的时间。他们每年至少会单独旅行 10 天，有时也会在周末的时候请祖父母帮忙照顾孩子。孩子也因此变得更加独立，不那么黏爸爸妈妈。

---

[1] 双胞胎的象征意义：崇拜和恐惧. www.afrik.com, 2004 年 12 月 17 日.

而在美国，6岁大的孩子可能从来都没有和祖父母单独相处过。对于美国妈妈来说，把孩子托付给第三个人，这是难以想象的。"①

∽ 我的建议 ∾

如果晚上不方便，我建议把"大人的约会"安排在周日上午：请祖母或保姆9点来接孩子，还可以让她顺路带点报纸和羊角面包，然后带孩子出去玩，下午一点再把孩子送回来。这样，父母们就能睡到自然醒，不用担心被孩子打扰……

父亲节

"如果孩子没有爸爸，怎么办？"

随着单亲家庭越来越多，很多单亲孩子都是跟妈妈一起生活。老师们会善意地选择忽略父亲节……但如今的父亲节逐渐制度化，成为一个谁也"躲不掉"的全民节日。

每逢父亲节来临，总有一些单亲孩子悄悄告诉老师："老师，您知道吗，我都不知道我爸爸住哪儿……"

老师会把孩子的想法转达给家长，提醒家长注意孩子的情绪变化，不过他们并没有冒犯个人隐私的意思。

∽ 我的建议 ∾

孩子需要这样一个契机，给爸爸或继父或妈妈的伴侣过节……这不应该成为一个禁忌，而是一个吐露心声的机会。眼看父亲节到了，孩子却不知"父亲"身在何方，如果他因为这件事偷偷抹眼泪或失眠，甚至从此沉默寡言，那家长应该带他去看看心理医生……

---

① "最好的母亲，就是我们！"帕梅拉·德鲁克曼访谈。www.elle.fr，2013年1月10日.

母亲节

"永远不要嘲笑孩子用面条做的项链！"

菲利普·贝当在法国设立了母亲节。贝当政府那段令人伤心的历史，或被过度商业化的节日，都不应该影响母亲节本身的意义。法国人庆祝母亲节的习俗是，孩子要为妈妈亲手做一条通心粉，他们风趣地称之为"面条项链"。

每年五月，母亲节这一天，孩子们放学回来，会把提前准备的"面条项链"送给妈妈，作为母亲节的礼物。此外，孩子还要和爸爸一起去花店给妈妈买一束花。现在离婚率如此之高，父母为了过节而聚在一起总是一件很幸福的事情。

❧ 在其他地方是这样的 ❧

在古希腊、古罗马时期，每年 3 月就有庆祝母亲的节日。1908 年，母亲节在美国诞生，之后各国纷纷效仿……

❧ 我的建议 ❧

永远不要忘记母亲节这一天，没有什么事情能成为不为母亲过节的借口。即使是父母吵架，你在父亲家过周末；即使母亲的教育方式不够完美，你对她有各种不满……这一天很重要，所有的母亲都应该被感谢，因为她们赋予了孩子生命。

离婚

"我们该怎么跟孩子说？"

尽管法国父母会为了孩子尽量避免离婚，但法国的离婚率依旧居高不下（在巴黎平均每 2 对夫妇就有 1 对离婚）。对于没结婚就生孩子的，其父母分开的概率就更高了。孩子在父母离异时的年龄越来越小。这主要是由于，一方面，女性的经济能力提高可以满足自己物质上的需求，另一方面，她们对纯粹的爱情质量越来越重视。每对离异的父母，都想尽办法尽可能地保护孩子。

∽ 在其他地方是这样的 ∽

在欧洲，比利时的离婚率最高，达到 71%；受宗教影响比较大的国家，比如意大利、爱尔兰和希腊等国，离婚率不到 30%。在加拿大的魁北克，夫妻离婚前必须先做婚姻咨询，然后要经过家庭事务法庭的裁决。作为议员，我也就此提出过议案，希望法国可以效仿魁北克的做法。

∽ 我的建议 ∽

世界上最痛苦的事，莫过于和曾经的伴侣分手，家庭战争给两个人都留下了难以愈合的伤口。但大人之间还是要保持联系沟通，双方多想一想彼此的优点，当初为何决定要一起生儿育女。父母们可以向调解家庭矛盾的咨询师求助，找到一种对孩子有利的对话方式。[1]

保姆

"家长们放心地把孩子托付给我，是我的荣幸。"

爸爸妈妈外出的时候，孩子通常由保姆照顾，要么保姆来家里，要么家长把孩子送到保姆家里。在法国，孩子们亲切地叫保姆"Nounou"。给孩子找保姆，成了法国家长最头疼的问题……

当托儿所满员的时候，家长首先想到的办法是请保姆。很多家长在找保姆时，征求过

---

[1] 艾维吉·安提耶．我的爸爸去哪啦．罗伯特·拉封出版社（Robert Laffont），2012 年．

我的意见。他们只有完全放心，才能关上门离开，把孩子交给保姆。孩子是最脆弱、最依赖父母的，把孩子托付给一个什么样的人，一定要严格挑选。一旦选定了这个人，家长们就会选择信任他。

　　社会学家卡罗琳·伊博写过一本发人深省的书《谁来照顾我们的孩子？》。书中介绍，很多来自西非的科特迪瓦妇女抛下自己的亲生骨肉，千里迢迢来到法国做保姆，在签订简单的劳务合同后，用自己微薄的收入撑起一个家庭。[1]对于家里有小孩的上班族，请保姆是个很好的选择。而对于保姆来说，这又何尝不是一个养家糊口的工作机会呢？

✺ 在其他地方是这样的 ✺

　　除了法国，世界上其他国家几乎没有这样的保姆体系。在德国，妈妈在孩子 3 岁之前在家全职照顾孩子。北欧国家的妈妈有超长的产假，并且托儿所的名额供大于求。而在非洲，妈妈们"走到哪儿，把孩子带到哪儿"[2]，当孩子长大一些，他们会举整个家族之力养育一个孩子，从姑姑家到姐姐家，孩子吃百家饭穿百家衣……在波利尼西亚，我经常看到一个孩子被不同的人照看，你很难猜出哪个是他真正的父母……总之，他们都不是专业的保姆！

✺ 我的建议 ✺

　　在儿科诊所和候诊室，很容易判断一个保姆是否称职。大部分保姆都把孩子照顾得非常周到细致，这个职业需要很大的奉献精神。除非有保姆的书面允许，法国禁止家长用摄像头远程监视保姆工作。从家长的角度来说，他们也不屑采用这种方式，而是希望创造一个和保姆互相信任的环境。但也有个别保姆玩忽职守没有照顾好孩子，甚至有虐待孩子的举动。家长们一旦有所察觉，要及时带孩子去看医生，从而避免更严重的后果。

---

① 卡罗琳·伊博. 谁来照顾我们的孩子. 弗拉马里翁出版社, 2012 年.
② 贝阿特丝丽·枫丹奈尔, 克莱尔·阿尔古. 世界各地的婴儿.

共享保姆

"必须学会和另一个家庭相处融洽。"

这是一个聪明的方法，两个家庭共享一个保姆。保姆一般是一个礼拜在一家带两个孩子，下个礼拜去另一家带两个孩子。两个家庭共同承担费用，要便宜得多，而保姆挣得也比只带一个孩子多。但这需要两个家庭相处融洽，互相尊重。一般来说，共享保姆的模式的确很好，且受政府的认可和支持。

❧ 我的建议 ❧

不要对保姆有过高的要求。如果两个孩子年龄相仿，保姆会像带双胞胎一样辛苦！必要的时候，你需要搭把手，或让爷爷奶奶帮忙照顾一下宝宝。要么，就别奢望保姆照顾得面面俱到或陪宝宝玩很多游戏……

第 *14* 章

再婚家庭和其他家庭的育子之道

"一周在爸爸家，一周在妈妈家。"

"他原来是我继父，我们现在还会碰面。"

"快有新的定位了。"

"我和克里斯多夫爸爸在一块儿呢！"

"医生，我要先告诉你，他没有爸爸。"

"我可以叫他爸爸吗？"

"这是我的兄弟！"

"我们两个都是他的妈妈！"

"我不能爱我的小妈妈……"

"这是我的哥哥。嗯，半个哥哥……嗯，怎么说呢……是我爸爸的
妻子和她前夫的儿子，他叫于连。"

"这就是他和他前任所生的孩子。"

轮流监护

"一周在爸爸家，一周在妈妈家。"

如今，1/10 的夫妻要求各自在家中轮流照顾孩子。根据双方的时间、住处和矛盾缓和程度，法官会酌情同意这一选择。但根据儿科心理医生的研究，轮流监护不适合特别小的孩子。真诚建议，如果可以的话，爸爸去妈妈家看望孩子……

∽ 在其他地方是这样的 ∽

轮流监护的概念最早是由美国加利福尼亚州提出的，随后在康涅狄格州、缅因州、密歇根州、密西西比州、内华达州、佛蒙特州和华盛顿州相继出现。在 1994 年，轮流监护通过立法形式确立，只要父母双方共同提出请求，自愿同意并且符合孩子的利益，就可以轮流监护，取代了"形式上共同监护"。

∽ 我的建议 ∽

设身处地想一想，作为一个成年人，你愿意每个礼拜都换一个生活环境吗？孩子每周在两个家庭中奔走，已经筋疲力尽了。不要把他拉进双方大人的矛盾中，不要让他成为婚姻失败的"陪葬品"。在实行轮流监护之前，两个大人先心平气和地坐下来，各自调整好心态。

重组家庭

"他原来是我继父，我们现在还会碰面。"

在法国，一个孩子有可能从小由继父抚养长大，而不知道自己的亲生父亲是谁。然后，继父和孩子的母亲还孕育有其他的孩子。然后，继父和孩子的母亲又分开了。法国的家庭就这样重组、分解再重组……在这样的环境中，孩子会同父母建立或短暂或亲密的关系，而这些父母不一定和他有血缘关系……①

∞ 在其他地方是这样的 ∞

这种情况并不是法国人的发明……在波利尼西亚，在亲子关系中，社会性比遗传性更加重要，也就是说情感关系比血缘关系更加重要。

∞ 我的建议 ∞

请带着孩了 起复习家谱吧！这样，孩子能明白自己的出身、家庭历史，能说出自己的感受，不用害怕说错话，这样有利于孩子的身心成长。

继父

"快有新的定位了。"

继父在法国家庭中越来越常见，以至于我们努力要给继父一个新的定位，对于孩子来说，一个更加正式的定位。在法语中，beau-père 这个词有不同的含义：通常是指配偶的父亲，也指妈妈的新丈夫或新伴侣。当孩子们提到他的时候，有的会笑着说："这是我的后爸爸。"，有的则会怀有敌意地说："这是我的假爸爸！"

∞ 在其他地方是这样的 ∞

在英语中，这两种人物关系有不同的词汇：配偶的父亲（公公或岳父）是 father-in-law，继父是 stepfather。

① 让－维塔尔·德·蒙莱翁．从人类学观点看波利尼西亚子女收养．www.meanomadis.com.

∾ 我的建议 ∾

　　的确，和继父一起生活的情况一直都有。然而，"继父"这个词以前指寡妇的新配偶，现在则是双方在离婚或分居后找的新伴侣。因此，继父在家庭中扮演的角色不同。对于丧偶的家庭，从某种意义上来说，继父填上了一个"空缺"的位置。而对于婚姻破裂的家庭，继父则是一个附加的角色。社会学家认为，继父作为"另一个父亲"，他只能是一个替代品。这就产生了前所未有的行为模式。[①]对于孩子来说，爸爸的爸爸是爷爷；妈妈的伴侣是继父。继父对他很好，每当继父和妈妈生的孩子叫"爸爸"的时候，他也想叫继父"爸爸"。我们不能阻止他这么叫，这是孩子发自内心的感情，我们可以这样告诉他："朱利安不是你的爸爸，但你可以叫他'朱利安爸爸'。"

爸爸

"我和克里斯多夫爸爸在一块儿呢！"

　　在法国，"爸爸"是一个内涵丰富的称呼，泛指亲生父亲、法定父亲或妈妈的丈夫，他都很爱孩子，有父亲的权威，愿意保护和教育孩子。

　　如今，在很多新式的重组家庭中，孩子们除了自己的亲生爸爸，还有一个日常生活在一起的爸爸——他是妈妈的配偶，并非血缘上的父亲。通常，孩子会在"爸爸"的称呼前加上名字来区分，比如"爸爸"和"克里斯多夫爸爸"。虽然家庭成员发生了变化，但孩子们对幸福家庭的渴求一直未变。

∾ 我的建议 ∾

　　孩子们能分清这些"爸爸"们的身份，对他们的期望值各有不同。如果孩子大大方方地管一个人叫"爸爸"，往往意味着对方能够回应孩子的基本需求，愿意无私地保护他、

[①]2005-2006 年女性权利代表团活动及男女机会平等报告，"单亲家庭，重组家庭：法国社会的挑战"，www.senat.fr.

照顾他。"爸爸"们也可以建议孩子在称谓前加上名字，但一定要遵循孩子的意愿，不要阻止他发自内心的表达。

亲生父亲

"医生，我要先告诉你，他没有爸爸。"

随着亲子关系的不断演进，孩子的亲生父亲逐渐成为一个问题。如今，越来越多的孩子"没有爸爸"，也许是因为父亲不想要孩子，也许是他在母亲怀孕后离开了，也许母亲是通过捐献的精子怀孕的，也许孩子是由同性恋母亲抚养的……法国社会已经能很好地接受所有这些可能性。"二战"以后，有很多的孤儿，法律允许单身母亲收养这些孩子，从那时起，就可以预见今天的情形了。[1]

∽ 我的建议 ∾

即使在孩子的生活中没有爸爸，他也一定有一个父亲。妈妈们通常不会跟孩子说这些，但孩子们需要明白。所以，在孩子们来看心理医生的时候，首先要画一画家谱，给孩子们解释一下，他们对此非常感兴趣。

真相

"我可以叫他爸爸吗？"

"这和你没有关系！这是大人们的事！"在法国的教育中，我们只告诉孩子和他有关

---

[1] 艾维吉·安提耶. 我的爸爸去哪啦. 罗伯特·拉封出版社（Robert Laffont），2012 年.

的真相。著名的心理分析师弗朗索瓦兹 ·多尔多指出，刚出生几个礼拜的小宝宝就什么都懂了，他们能够理解周围的环境。但有些事情不用把细节告诉孩子，比如家人的感情问题、爷爷的工作情况等。

同样，对于收养的孩子，我们可以告诉他他是哪里来的，但是对于他的生母为什么不抚养他这个问题就要模糊处理。家长在决定把家庭的秘密告诉孩子之前，通常会先带孩子去咨询一下心理医生。

❧ 我的建议 ❧

是的，孩子没有必要了解超出他认知范围的事情，比如关于金钱和色情的话题。父母吵架时，也不应该把孩子搅进来。相反的，如果父母分开了，孩子跟谁生活，另一方探视的频率是什么，这些事与孩子息息相关，但家长往往忽视孩子的知情权。当出现家庭悲剧的时候，家长们更是手足无措，不知该跟孩子说到什么程度。这时候，家长应该求助心理学家。

同父异母，同母异父

"这是我的兄弟！"

在法国，随着离异家庭逐渐增多，越来越多的孩子和同父异母或同母异父的兄弟姐妹生活在一起。在这种看似复杂的家庭结构中，这些特殊的兄弟姐妹相处起来，跟亲生兄弟姐妹一样。特别是年龄相仿的孩子，他们不愿意提到"同母异父"或"同父异母"这样的字眼。随着法国社会的进步，孩子们对于离异重组家庭的态度越来越开放了。

∾ 我的建议 ∾

同父异母，或同母异父，相处起来也没有那么难。如果不能做到像亲兄弟姐妹那样相亲相爱，那就做个好朋友吧！

共同教养

"我们两个都是他的妈妈！"

这个词体现了社会发展的与时俱进。孩子们会称继父、继母为"妈妈的恋人""爸爸的女朋友""妈妈的女朋友"……或直呼其名。但没有孩子愿意承认："这是我的共养父母。"然而，共同教养是法国议会研究的核心问题，一项叫作"所有人的婚姻（mariage pour tous）"的法律给予了同性恋配偶以合法地位。对于孩子要尽的义务是清晰明了的，然而所享有的权利却很难界定，一个孩子通常有一个爸爸和一个妈妈，还有两个共同教养的父母。他们各自对孩子负有多少责任？又各自有多少探视权？主管家庭事务的法官在实施新条文的时候还有很多事情要做……

∾ 在其他地方是这样的 ∾

在很多文化体系中，孩子都是全家的中心，大人们有责任抚养他、保护他。但他们的监护人不一定是亲生父母，在一些领养手续比较健全的地区，也可能是养父母。同样，"在波利尼西亚有个古老的习俗，亲生父母将孩子过继给其他家庭，当地称为 fa'a'amu（字面上的意思是：给他饭吃）。在波利尼西亚，孩子是最重要的。按照当地的习俗，如果亲生父母没有能力给孩子一个美好的未来，他们就要把孩子托付给亲戚朋友抚养。"① 履行"共同教养"义务的父母可以相处得很好。著名的人类学家克洛德·列维－施特劳斯曾在巴西与当地的印第安人共同生活过，"每个孩子都不是由亲生父母养大，孩子

---

① 若埃尔·马勒莱森，关于来自波利尼西亚群岛儿童协会（MAEVA Polynésie），*tahitienfrance.free.fr*

一出生，亲生父母就会把孩子委托给另一个家庭抚养，而且亲生父母很少去探视自己的孩子。"①

∽ 我的建议 ∽

家长要学会倾听孩子内心的声音。或者，可以让他跟专业的心理医生聊一聊。作为中立者，心理医生能更好地了解孩子喜欢跟谁在一起生活，孩子跟谁在一起能得到更好的爱护和成长环境，以及孩子能否感觉到被尊重。这些因素和血缘无关，而是要看谁更能尊重孩子提出的合理要求。

两个妈妈

"我不能爱我的小妈妈……"

随着同性恋婚姻合法化和允许同性夫妇收养孩子，拥有两个妈妈的孩子越来越多了，他们对妈妈们的称呼会略有不同，比如"妈妈"和"妈咪"。

∽ 在其他地方是这样的 ∽

有两个妈妈的孩子，有时会令心理医生很为难。要不要跟孩子解释，他其实只有一个妈妈呢？这样会不会让孩子觉得，他们没有权利爱他的"小妈妈"？很多有两个妈妈的孩子都有这样的困惑。

∽ 我的建议 ∽

绘制家谱图是一种有效的方式，即便孩子对个别家庭成员不了解，只能暂时画一个问号。通过家谱图，家长可以和孩子一起梳理家族的历史和"秘密"，总比刻意逃避问题好。

---

① 克洛德·列维－斯特劳斯．忧郁的热带，2001 年．

准兄弟姐妹

"这是我的哥哥。嗯，半个哥哥……
嗯，怎么说呢……是我爸爸的妻子和她前夫的儿子，他叫于连。"

法国家庭补助金管理局(CAF)和法国的社会学家们管那些生活在同一个屋檐下，在一个重组家庭中，没有血缘关系的兄弟姐妹叫准兄弟姐妹。他们是父母再婚前，各自和之前的配偶生的孩子，这些孩子每天坐在一张桌子上吃饭，共享相同的家庭情感和教育环境。大人们说他们是"半个兄弟（姐妹）"，但实际上他们并没有任何血缘关系。

❧ 我的建议 ❧

孩子们在介绍的时候，只需说这是我的"哥哥"，或这是我的"姐姐"。绘制家庭关系图是了解家庭成员的重要方式，法国孩子们都很喜欢画家谱。但对于有些家长，这难免会勾起一些伤心往事，提及那些不愿说起的人，令大人感到不舒服。如果家庭的秘密太沉重了，可以咨询心理医生。因为，大人在描述家庭历史时，总会有意无意漏掉一些细节，或是在言语中存在自相矛盾，孩子们只要稍加揣测，就会明了。长此以往，孩子可能惹上一些心理麻烦。如果不做深入的心理咨询，我们是不会知道其根源的。

别人的孩子

"这就是他和他前任所生的孩子。"

法国家长普遍认为，伴侣和他或她的前任生的孩子特别"没有教养"，他们对自己的亲生骨肉总能无限包容。

在重组家庭中，虽然孩子们也希望妈妈能重新找到爱情，但新家庭的融入总是不那么顺利。比如，吃饭的时候，新伴侣会抱怨妈妈前夫的孩子总打断别人说话，吃饭的时候嘴里一边嚼东西一边说话；睡觉的时候，他从来不主动关灯，总是黏着妈妈。如果是爸爸找了新伴侣，情况也是一样的。

在我的诊室里，我看过很多这样的孩子，他们不知道如何表达自己的苦恼。父母好不容易找到了新的伴侣，他们害怕给父母找麻烦。

∾ 我的建议 ∾

请现实一点吧：这个孩子不是你一点一滴看着长大的，他是一段不幸福的婚姻的产物，原生家庭父母之间的矛盾多多少少会影响到他，在很长一段时间里，几个月或者几年，他的妈妈（或者爸爸）完全属于他。直到你的出现，你开始拿着遥控器，突然为他制定生活中的新规则。虽然他只是个孩子，但你也要尊重他的感受。不要随意批评他，你不能越俎代庖对他有太多干涉，他的亲生父母自会教育他。你可以教他一些你擅长的（音乐、手工、旅行等），做好你的分内事。你可以读一下我的另一本书《别人的孩子》①，你会成为最受孩子信赖的同盟者的。

① 艾维吉·安提耶. 别人的孩子. 罗伯特·拉封出版社（Robert Laffont），2003 年.

第 *15* 章

完善的社会保障，让养育更轻松

"你领补助金了吗？"

"医生，您能到家里来给他看病吗？"

"在家分娩不安全。"

"对于女性，这和选举权一样重要！"

"有了儿童活动中心，真的轻松多了。"

"他家请的育儿嫂有证书。"

"我要让医生给我开产假条。"

"孩儿他爸也能休产假了。"

"我儿子需要找个人看看了……"

"庸俗到极点！"

"你只是恰巧成了儿童模特。"

"姓什么都无谓。"

"如果是女孩，我们就叫她多米提勒或汉娜；如果是男孩，我们就叫他尤利西斯或奥克塔夫。"

法国家庭补助金管理局（CAF）

"你领补助金了吗？"

法国家庭补助金管理局（CAF）是所有法国人的母亲，它伴随着每一个家庭的成长，从母亲怀孕、生产到休产假，从孩子上幼儿园到请育儿嫂或保姆……对于一个家庭来说，CAF 体现了法国对公民个人的高度关怀。同时，CAF 在法国财政支出中占了很大比重。正是法国的慷慨投入，帮助了法国妈妈兼顾工作和家庭。让每个法国人都感到无比骄傲的是，法国的出生率居于欧洲之首，平均每个妈妈生 2 个孩子。这要归功于法国实施的鼓励生育政策。

∾ 在其他地方是这样的 ∾

世界上，很少有第二个国家像法国这样为年轻的妈妈提供全面的社会保障（名目繁多的补助金，包括幼儿园在内的全民免费教育……）。在德国，新生儿出生率常年停滞在每对夫妇只生 1 个孩子，因为妈妈要照顾孩子就必须在事业上做出巨大的牺牲。北欧国家在这方面堪称典范，国家鼓励孩子的父亲和母亲一起承担照顾子女的职责，这让年轻的父母能很好地兼顾家庭与工作。

∾ 我的建议 ∾

每个法国人都应该好好利用 CAF 提供的社会保障，争取早日实现工作和家庭两不误。我们越来越鼓励爸爸和妈妈一起照顾孩子，爸爸也可以休产假。父亲在家庭生活中参与度越高，亲子关系越健康，夫妻感情越和谐。孩子刚出生时，每个父亲都会休护理假，每个父亲都是尽职的"超级奶爸"。然而好景不长，在接下来的育儿生活中，就很难看到父亲的身影了。我们经常能看到这样的场景：妈妈忙得不可开交，爸爸在一旁不知所措；宝宝半夜哭闹，起床哄孩子的基本是妈妈，爸爸基本在呼呼大睡……这些矛盾日益积攒，很容易摧毁一个家庭！所以，爸爸们，好好利用 CAF 的假期吧！

出诊

"医生，您能到家里来给他看病吗？"

从前，出诊的老医生会在生病的小孩胸口放一块白毛巾，今天早已经不这样了，但法国还保留着请家庭医生出诊的传统。出诊在社会保险保障范围内。医生出诊的时候，可以更好地了解孩子的生活环境，还可以了解其他家人的身体状况、心理状况和生活水平等，比在诊室里看病获得的信息要多。一般，都是全科医生上门出诊。

❧ 在其他地方是这样的 ❧

在以英语为母语的国家，医生到家里看病是难以想象的。如果有必要，医生的助手会用救护车来接病人。如果是严重的紧急情况，急诊医生会和救护车随行，进行初步救治。总之，患者不能舒舒服服地在家里等着看病。

❧ 我的建议 ❧

随着医疗技术的进步，医生做诊断时愈发依赖医疗设备的检测结果，这使得出诊越来越不方便。因为缺少必要的设备，医生们在患者家里常常感到束手无策。经过高强度的医疗训练，医生在诊室和工作台前可以集中注意力，迅速给孩子检查。不过，近年来家庭治疗体系发展迅速，医疗团队可以更好地照顾在家养病的儿童。

在家分娩

"在家分娩不安全。"

在家分娩？画面简直太美，不敢想象！年轻的法国的准妈妈听到这个词，脑海中会立刻浮现出怀旧的洗衣桶和多得数不清的白床单……但我必须提醒大家：这很难保证新生儿的安全！

每个法国妈妈在预产期临近时，都曾为选择分娩地点纠结过。虽然在家里出生的宝宝相对数量很少（1%），但这一数量在逐年攀升。专业的妇产科医生、儿科医生和在家里接生的接生员之间对此有很大争论。私立分娩中心旨在提供比大妇产医院更加人性化的服务，但法国只允许私立分娩中心设在毗邻医院的地方，必要的时候能得到医院的支持。

准妈妈们在舒适性和安全性面前犹豫不决，她们一方面宣称要在家中生产，另一方面又抱怨医院不能久住。如果选择在医院分娩，一旦医生确认母子平安，就会请产妇尽快办理出院……虽然，法国产后的住院时间已经是西方国家中最长的了。

❧ 在其他地方是这样的 ❧

把目光投向世界和历史，迄今为止，90% 的分娩过程都是在家中完成的。生活在非洲原始部落的俾格米人，至今保持着非常原始的分娩习俗，产妇分娩时，必须独自一人去森林中找一棵树，她们在那里生下孩子，然后把胎盘和脐带埋在树下。孩子就以这棵树命名。[1]虽然这种分娩方式充满诗意，但母亲和孩子都面临着极大风险。

在印度，每年都有女性在分娩过程中死亡。

在玻利维亚，"分娩是一件极其私密的事情，只涉及宝宝所出生的家庭。"[2]

在西方国家，只有 2% 的妈妈选择在家中分娩。但在荷兰，这一比例高达 30%，而且都很顺利。这种现象并不普遍，仅适用于特殊的文化背景，并且需要教育和医疗卫生相关系统的大力支持。

❧ 我的建议 ❧

选择一家靠谱的妇产医院，能够最大限度保证你们母子平安，分娩后 48 小时，你就可以高高兴兴地抱着孩子回家了。出院后，助产士和保育员会到家中进行检查和后续观察，

---

[1]《初试啼声》，纪录片，导演：娇斯特·梅丝特，2007 年.
[2] 查尔斯·爱德华"玻利维亚生活面面观"．多里斯·波奈，洛朗斯·布尔歇（主编）．从儿童的照料到习俗.

这样既能让产妇得到充分的监护，又可以舒舒服服地在家中休息。就像在北欧国家，在家中给婴儿哺乳要比在医院里好得多。现在很多医院允许准爸爸陪产，那会给予产妇莫大的鼓励和支持，也是一件好事。

无痛分娩

"对于女性，这和选举权一样重要！"

70% 的法国妇女在分娩的时候都要求使用无痛分娩，她们为这项伟大的医学发明拍手叫好。有一种难以忍受的痛苦，叫生孩子的痛，现代女性则不必再全然接受这种宿命。

1945 年，戴高乐将军第一次赋予法国女性选举权，开辟了历史先河。无痛分娩的诞生，不亚于选举权对女性的重要意义。多年来，我亲手为无数新生儿接生，也见证了这一革命性的技术的应用，它大大减轻了妈妈在分娩时的痛苦，让她们微笑着迎接孩子的到来，同时对新生儿没有任何伤害。

社会上坚持"自然"分娩的声音一直都有，但支持者很少……

∽ **在其他地方是这样的** ∽

来自意大利的阿希尔·马里奥·多利奥蒂医生，是世界上第一个研究硬膜外腔穿刺技术的。北美的医生将它推广普及到全世界。如今也有一些明星妈妈反对无痛分娩，比如国际巨星米兰达·可儿、辛迪·克劳馥和杰西卡·阿尔芭。[1]

∽ **我的建议** ∽

我对无痛分娩，不鼓励，也不反对。并不是所有的产妇都适合无痛分娩，麻醉师对产妇的身体素质有严格要求。宫缩的时候，你可以试试看能否忍受，如果实在忍不了，再选

---

[1] 分娩：这些明星妈妈拒绝接受硬膜外麻醉. www.magicmaman.com, 2013 年 4 月 10 日.

择打麻药。麻醉师装上止痛泵后，你可以根据自己所能承受的疼痛程度，自行控制药量。所有的药物都是为产妇服务的，这是法国妇产医院的信条。

儿童活动中心

"有了儿童活动中心，真的轻松多了。"

在法国，不是所有的课外活动中心都是露天的……对于"双职工"家庭来说，儿童活动中心帮他们解决了大麻烦！儿童活动中心由地方政府监管，每年都会由地方政府组织一些集体性活动。同时，课外活动中心享有纳税优待，向国家缴纳的税收微乎其微。课外活动中心也是一个社交平台，为职场妈妈提供了保障，让她们能够安心工作。

❧ 我的建议 ❧
要对课外活动中心的负责人和组织者给予肯定。如果你的孩子每周三都想去课外活动中心玩，要尊重他的选择。如果他对课外活动中心很排斥，那你要确认一下他是不是太累了，有时孩子也需要喘口气，毕竟高强度的集体活动会让人感到精疲力竭甚至神经紧张……

育儿嫂

"他家请的育儿嫂有证书。"

在法国，育儿嫂通常在自己家里照顾别人的孩子，这是一个了不起的职业。育儿嫂需要牺牲自己的时间，要对小孩子特别有耐心，还要能在心理上与孩子的父母产生共情。所以，千万不要叫她们"保姆"，她们不喜欢这样的称呼。她们是接受过专业培训并受到法国政府监管的专业技术人员。一份育儿嫂的职业许可意味着她满足了母婴保障局规定的关于培训、居住条件和安全方面的要求。每 2 年，母婴保障局的工作人员会预约上门监督检查。

按照规定，每个育儿嫂最多可以照看 4 名 3 岁以下的儿童。实际上，由于法国孩子们课外时间较多，有些育儿嫂不得不照顾更多的孩子。尽管育儿嫂的水平参差不齐，政府对她们的监管也差强人意，但她们还是帮了家长们的大忙。育儿嫂的时间灵活，而且大多数育儿嫂对孩子也很负责。在法国，3 岁以下的幼儿中，至少有十万个孩子是在育儿嫂家中长大的。

∽ 在其他地方是这样的 ∾

回望渐已远去的农耕社会，女性是社会生产活动的主力军。无论是农业、手工业，还是商品交换活动，女人总是比男人干得多。如果照顾孩子，妈妈就不能工作了，因此孩子主要靠家里人照顾，比如：老人、兄弟姐妹或家中大一点儿的孩子。

到了工业文明时期，妇女大多进城务工，农村已经出现了育儿嫂的概念。当时在繁华的巴黎就出现了育儿嫂中心，育儿嫂到育儿嫂中心带走两三个孩子，然后回家照顾他们。然而，由于监管不力，很多孩子出现营养不良或胃肠炎的情况，甚至因此夭折。还有的父母发现孩子被抱错了，育儿嫂送回来的根本不是自己的亲生孩子。19 世纪时这样的悲剧层出不穷，史料上有很多记载。

如今，在非洲和亚洲一些经济欠发达地区，很多妈妈外出谋生，不得不把孩子留给老人照顾，社会上把这些孩子称为"留守儿童"。

∽ 我的建议 ∾

一定要请持有母婴保障局颁发职业许可的育儿嫂。除此之外，家长们还要考察育儿嫂的能力，看看她是不是每个月都去育儿嫂中心交流学习，之前雇佣她的家庭是否对她满意并且续用，她是不是对每个孩子都好。家长们最好与育儿嫂充分交流，签订合同，明确时间和报酬。家长们无权侵犯育儿嫂的个人隐私。由于育儿嫂在孩子的成长中举足轻重，她几乎相当于家庭中的一员，因此聘请育儿嫂一定要在相关儿童保障的监管下进行。

产假和育儿假

"我要让医生给我开产假条。"

在孩子出生前后，法国的妈妈会有各种各样的假期：产假、病假、育儿假……法国的妈妈很重视自己和宝宝的亲密关系。初为人母的这段时期，像一个透明的罩子，将新手妈妈与她熟悉的过往隔开，包括她的生活、她的工作和她的朋友……今天，法国的姥姥很少帮忙照顾孩子（有时，妈妈也不希望姥姥来帮忙）。出于对婴儿的担心，也不放心把婴儿交给别人照顾，新手妈妈们觉得这些假期远远不够。按规定，产前有 28 天病假，通常妈妈们会以孕期不适为借口来延长产假时间。法国的医生和保险机构比较人性化，会主动建议妈妈们延长产假。同时，在法国，我们不希望妈妈与职场脱节，我们鼓励妈妈短期带薪休假（一年），也可以休 3 年，但假期时的薪水会少很多。

∞ 在其他地方是这样的 ∞

欧洲的大部分国家都会给妈妈安排很长时间的产假，保加利亚有 45 周，瑞典有 75 周（这其中有一部分可以转给爸爸休）。但美国没有专门的产假让妈妈在家照顾新生儿。"加拿大麦吉尔大学的研究显示（'2007 工作、家庭和股票指数：美国如何权衡'），在被调查的国家中，有五个国家没有带薪产假，其中就有美国。"[1]

---

① "世界育儿假一览。" www.leparisien.fr, 2009 年 1 月 7 日.

父亲的产假

"孩儿他爸也能休产假了。"

在法国，越来越多的爸爸喜欢带孩子。以前，孩子出生后，爸爸们只有 3 天陪产假，现在延长到 2 个礼拜，让他们可以更好地陪在宝宝身边。宝宝出生后，爸爸有 11 天到 18 天不等的假期。在法国，绝大多数爸爸是休产假的；三分之二的爸爸在孩子刚出生时会陪在妻子和孩子身边。

∽ 在其他地方是这样的 ∽

在大部分文化的传统观念中，父亲应该与妻子和宝宝保持距离，时间长达几年。在新喀里多尼亚，我看到带孩子来看病的都是妈妈，有时会有舅舅陪同。在卡纳克，舅舅要在孩子人生中最关键的几个时刻陪着他。孩子出生时，第一个要通知的人就是舅舅。越是在西方的社会，父亲越会早早介入到孩子的成长中。

在瑞典，在夫妻二人共 12 个月的产假中，父亲最多可以休六个月，其中有两个月是专门给父亲的，逾期不休就作废。我认识一些在爱立信工作的工程师，他们有六个月带薪产假，每个月可以拿到日常工资的 80% 作为补贴。这一政策备受推崇，当生第二胎的时候，父亲还可以继续休假。大公司的人力资源们普遍认为，精心照顾宝宝六个月的男人，在团队合作中更有包容度。

∽ 我的建议 ∽

随着爸爸融入照顾孩子的角色，妈妈可以更好地兼顾事业和家庭。每个人都在生活中不断适应新的角色，没有先例可以模仿。最理想的模式是妈妈休满产假后，爸爸适当延长假期，与孩子单独相处，更好地了解彼此。为了带娃，越来越多的新手爸爸将年假和产假一起休，把更多的时间花在家庭上。

心理医生

"我儿子需要找个人看看了……"

"找个人看看"意思是"咨询心理医生"。在法国，寻求心理咨询的青少年人数在 10 年内增加了 70%。这些青少年来自各个阶层、各个地区，大家意识到孩子即将面对一个复杂的世界，在这个过程中家长需要专业人士的帮助。精神分析师弗朗索瓦兹·多尔多在电波中向大家普及了理解孩子心理并寻求专业帮助的重要性，如果遇到困难，可以求助于心理医生。法国有庞大的公立和私立心理诊所网络，却仍然处在供不应求的状态，一号难求。

∞ 我的建议 ∞

在法国，心理医生分为很多种。"找个人看看"，并不是随便找一个人。要成为一个合格的心理医生，他需要先在大学中拿到心理学文凭，才有资格接诊，成为一名临床医生。专业的儿童精神病科是其中一个分支。精神分析师通常隶属于某家精神分析机构。这 3 种心理医生都可以给孩子或家长提供心理治疗。心理医生提供付费劳动，出诊费需要家庭和公共服务部门共同承担。

迷你小姐

"庸俗到极点！"

在迷你小姐比赛中，小女孩们穿着成人的性感妩媚的服装在舞台上搔首弄姿，很多人认为这有伤风化。

女议员茹阿诺曾经提过一项法案，反对将孩子过早地性感化，提议严格管理儿童模特这一职业。在她的报告中，茹阿诺指出，她很欣慰地看到法国家长"集体抵制媒体和商业化运作对孩子的干扰"。①

❧ 在其他地方是这样的 ❧

儿童选美大赛诞生在美国。但"在法国，小姑娘都是穿着公主裙的，法国人并不想效仿美国把小姑娘打扮得性感撩人。"②

❧ 我的建议 ❧

儿童节的时候，小女孩一个个打扮成公主的样子，非常可爱。但为了广告宣传，小小年纪穿着豹纹衣服、化上浓妆、踩着高跟鞋在沙发上搔首弄姿，那就有损孩子的尊严了。为了保护儿童模特，法国制定了非常严格的法律条款。

儿童模特

"你只是恰巧成了儿童模特。"

为了避免孩子陷入自恋，打击商家对孩子的剥削，法国对于儿童模特这个职业有着非常严格的管理。国家规定：在面试孩子和家长的时候，要提供一份医学证明，证明孩子没有禁忌证，工作的时间不能影响孩子的学业，还要根据年龄保证孩子充足的睡眠时间。孩子的收入要存入一个特定账户，等到他成年以后由他自由支配。中介公司要严格遵守这些条款。

法国不认同美国式的迷你小姐选美比赛，禁止举办 13 岁以下儿童的选美比赛，对 13~16 岁之间儿童的选美比赛严格监管。

① 反对超级性感化，为平等发起的新战斗.巴黎参议员尚塔尔•朱安诺女士议会报告.www.social-sante.gouv.fr, 2012 年 3 月 5 日.
② 从美国到法国：迷你小姐的最大效应.buzzles.org, 2013 年 1 月 10 日.

∞ 在其他地方是这样的 ∞

法国迷你小姐选美比赛的创办者米歇尔·勒巴曼提耶表示："在美国，参加比赛的小女孩们效仿成人，她们也化妆、踩着高跟鞋、穿着性感的衣服，而且能赚到很多钱。在法国，禁止金钱交易，禁止化妆，女孩们穿着公主长裙走台。对于她们来说，这就是一个好玩的游戏，参加选美让她们更自信……对于 5 岁的小女孩，哪怕是 6~11 岁的大女孩，绝对不允许用束腰带，也不允许用口红。只能在头发上装饰些亮片，抹点透明的唇膏，为了在镜头前不反光，只能在脸上薄薄地打一层粉。"

∞ 我的建议 ∞

今天的孩子们生活在一个品牌形象和推广很重要的世界里，试镜对于他们来说像玩游戏一样。要和孩子解释清楚，媒体选择了你，不是因为你是"最好看的"，而是因为你"恰巧"在一个特定的时间满足了这个角色独特的要求，或是有的人"恰巧"没有满足这些条件。当然了，禁止迷你小姐选美比赛的法律很受欢迎。

姓氏

"姓什么都无所谓。"

自法国大革命以来，所有的法国公民在出生证明上都是跟爸爸的姓（法兰西共和历二年果月六日法令）。姓氏是人类社会化的标志，它将每个人纳入到社会中。最近，根据男女平等的原则，也有人将母亲的姓加在后面。这是一项重大社会变革，因为这样一来，随着人们结婚生子，每一代人的姓都会发生变化。法国人还是很重视自己的姓氏的，大部分人用的还是父亲的姓。然而，随着夫妻分开的情况越来越多，事情也变得复杂了。孩子生病的时候，通常都是妈妈带着孩子看医生。妈妈在预约的时候，只能用"都彭女士"的名字给孩子保尔·迪朗约医生。

❧ 在其他地方是这样的 ❧

在很久以前，西班牙的孩子就有两个姓氏，妈妈的姓跟在爸爸的姓后面。现在，随着性别平等法案通过，父母姓氏的顺序也可以颠倒过来。

❧ 我的建议 ❧

自法国大革命以来，大家族的兄弟姐妹通常都共用一个姓氏。近来，法律允许给宝宝使用妈妈的姓，这也并没有引起爸爸们的不满。

同时拥有 2 个姓，孩子们能获得更多的社会认同感，一方面因为法国夫妻离异的情况越来越多，另一方面也跟女性社会地位的提升有关，越来越多的女性倾向于在职场中使用自己结婚前的姓氏。延续使用父亲姓氏，同时加上母亲的姓氏，这是法国人在女权问题上的进步，这体现了女性在社会中的地位，姓氏也因此更加具有社会意义。

名字

"如果是女孩，我们就叫她多米提勒或汉娜；
如果是男孩，我们就叫他尤利西斯或奥克塔夫。"

有一些非常"有品位"的法国人名，很受高级知识分子和中产阶层的青睐。人们认为，给宝宝起个好名字，他们将来更有可能在高考中取得好成绩，学业更顺利。[1]有的家长图省事，从美剧里随便给孩子选了一个名字，那会被认为很不负责任……

名字是人与人交流的工具，包含着丰富的含义，既要彰显父辈的良好家教，也要符合他们的社会地位。

虽然家长们可以发挥创造力给孩子起名字，但名字所代表的社会阶层要与孩子本身所处的社会阶层相适应。如果说姓氏是社会性的，名字就是个人的、内在的，承载着一

---

① 根据社会学家巴斯蒂特·库鲁门完成的一项研究. www.terra femina.com.

个家庭在精神、哲学、艺术和文化上的理念。家长们也认为名字多多少少会影响孩子的命运。

❧ 在其他地方是这样的 ❧

如今，家长们认为用逝者的名字来给孩子命名太沉重了。然而，在很多文化中都一直有这样的习俗。

"在非洲，名字要传达一个信息，家长给孩子起名没有限制，可以起各种各样的名字，可以反映孩子出生时候的环境，或家族的故事。孩子使用一个祖先的名字也很常见，这需要先搞清楚这个孩子是使用哪个祖先的名字"[1]

在非洲的传统社会中，孩子命名的方式和西方社会大不相同。生活在尼日利亚的约鲁巴人，在孩子刚出生的时候，会根据出生时的环境给他起一个名字。比如，Abegunde 是男孩的名字，意思是"出生在一个假日里"；Bejide 是一个女孩的名字，意思是"出生在雨季"。等到他们长大一点，还会再有一个名字，通常是对未来的期望，比如 Dunsimi 意思是"长寿"，Titilayo 意思是"永远幸福"。

在中国，"刚出生的宝宝会有一个小名（也叫乳名，像乳牙一样），这样可以辟邪。按照传统的说法，要给孩子起一个动物的名字，或'很贱'的名字，这样妖魔鬼怪就对这个孩子不感兴趣了。在日本，小女孩都会有一个表示某种美好品质的名字，比如 Kiyiko 是指干净的小孩，Nayako 指乖的小孩，Yoshiko 是指好姑娘。"[2]

❧ 我的建议 ❧

人们很喜欢起名字，起名字是一件很有讲究的事情。名字要和家庭所处的社会阶层相称，但又要有创意，让孩子成为一个独特的人。如今，语音留言很常用，名字也就需要容易拼读，还需要与姓氏连在一起好听才行。

家长可以借鉴神话中祖先的名字，但不要用去世的长辈的名字。对于领养的孩子，

---

① 贝阿特丝丽·枫丹奈尔，克莱尔·阿尔古. 世界各地的婴儿.
② 该影片由亚历山大·德·拉·巴特里耶，马修·德拉波特编剧和执导，2012 年拍摄成电影，由帕特里克·布鲁尔主演.

出于对孩子过往生活经历的尊重，我不建议改名字。起名字是件非常重要的事情，这也就是为什么《名字》这部戏剧和同名电影大受欢迎的原因。

结语

在法国，我们动不动就说"这个孩子是坏孩子，真没教养！"。难道，这个令全世界都欢喜的孩子真的没有教养吗？懂得自立，让妈妈安心工作的孩子是没有教养的？向父亲大胆表达自己想法的孩子没有教养？能够适应两个家庭的生活，处理好兄弟姐妹间关系的孩子没有教养？不，恰恰相反，他们的父母懂得在包容和严苛间做出平衡，是真正地在教养孩子，而不是像训练小动物一样训练孩子。

邻居家的孩子总是破坏规矩？没有跟你问好？那你呢？你对孩子的态度和蔼吗？你会帮他的母亲开门，帮他捡起沉重的书包吗？你是不是经常板着脸？孩子第一次见这个奇怪的叔叔或阿姨，是不是有点害怕？

那些性格暴躁的人总是认为小孩子没有教养（当然了，人们总是认为别人家的孩子没教养……）。然而，我们向他们展示了法式教育的奇迹。之所以是奇迹，是因为法国妈妈的生育率在欧洲最高，同时她们也是最活跃的职场女性，她们打扮得精致得体，学习最新的育儿理论，竭尽所能帮助孩子。这种奇迹根植于她们内心对法国悠久历史的自信，包括法国人民的历史、法国国王的历史、法国宫廷的历史、礼仪的历史。这种自信经过了一代代思想家、科学家、医生、心理分析师的打磨，经过了革命、移民潮和家庭演变的洗礼。

法国家长的成功之处在于，他们既能坚持自己的教育原则，又不停地在寻求文化融合，应对家庭重组带来的问题。法国社会提供了一个持久的价值观基础，这是一生"在一起好好生活"的核心，然后再寻求将孩子教育成"有教养"的人。

同时，国家为孩子和需要兼顾家庭和工作的母亲们提供了经济基础和法律制度。这是当今法国最杰出的地方：生育率比其他欧洲国家高，母亲们也比其他国家的母亲们工作得更多，更加优雅！

　　关于这一点，我们要研究的不是秘方，也没有这样的秘方，而是支柱。因为，能培养"有教养"的孩子，是基于整个国家的支持，国家把孩子当作真正的人来保护。

　　我们还有需要进步的地方吗？是的，当然有，下一步就是要在教育中禁止体罚。虽然立法者对此犹豫不决，但新一代的法国父母已经做好准备了。